hänssler

Friedrich Hänssler

# Denkanstöße

aus dem Leben

Friedrich Hänssler ist und war in verantwortlicher Position in vielen christlichen Werken.
Er ist verheiratet mit Ursula und hat sechs erwachsene Kinder.

Hänssler-Hardcover
Bestell-Nr. 394.441
ISBN 3-7751-4441-2


Internet: www.haenssler.de
E-Mail: info@haenssler.de
Umschlaggestaltung: Oliver Häberlin
Titelbild: Friedrich Hänssler (privat) und IStockPro, Calgary, Kanada
Satz: AALEXX Das Buch Druck Haus
Druck und Bindung: Ueberreuter Buchproduktion
Printed in the Czech Republic



ecpa International Member of the Evangelical Christian Publishers Association

# Inhaltsverzeichnis

# Vorwort

In der Rückschau auf viele Jahrzehnte meines Lebens komme ich immer wieder an den Punkt, Erinnerungen abzuwägen, zu vergleichen und auszuwählen.
Denn Erinnerungen sind auch eine Form des Begegnens und des Nachdenkens.
Manche Erlebnisse sind Bilder für geistliches Geschehen und gleichzeitig ein Leitplan für die Nachfolge von Jesus.
Ich möchte nicht nur aus der Fülle der Erfahrungen erzählen, sondern Denkanstöße aus dem Leben und für das Leben geben. Diese Gedanken kommen aus meinem Herzen und waren zunächst ein Reden mit mir selbst und mit Gott. Es bleibt für mich aufregend schön, immer wieder den roten Faden Gottes bei seiner Führung, seiner Korrektur und Bewahrung zu entdecken.
Dieses Schauen in die Vergangenheit bedeutet mir nicht nur „Denk"-anstoß, sondern besonders „Dank"-anstoß.

Wenn einzelne Denkanstöße bei den Leserinnen und Lesern so „denkwürdig" werden, dass sie die Grenze vom Buch zum Leben überschreiten, wäre mir das ein Geschenk.

*Friedrich Hänssler im Juli 2005*

# 1. Gebet

Da flattert eines Tages ein Brief aus Kanada ins Haus. Ganz unerwartet. Der Absender war Dieter – einer aus dem Jugendkreis von Anno dazumal. Das lag mindestens 35 Jahre zurück, und jetzt nahm er das erste Mal wieder Kontakt auf.
Der Brief enthielt einen Lebensbericht mit allen Höhen und Tiefen. Dieter war zunächst von der Hoffnung erfüllt, nach Krieg und Vertreibung jenseits des Atlantiks ein sinnvolles, erfolgreiches Leben aufbauen zu können. Dann kamen Schwierigkeiten und seine Illusionen zerflossen ins Nirgendwo. Die Wonnezeit der ersten großen Liebe endete in einer brutalen Scheidung, und die folgende jahrelange Arbeitslosigkeit in der Fremde war noch eine weitere dunkle Farbschattierung auf seinem düsteren Lebensgemälde.
Umso überraschender kam dann sein Brief über die Suche nach Sinn in einem so wenig attraktiven Leben. Er erinnert sich an lang entschwundene Zeiten, an die Botschaft des Lebens aus Gott, kreist mit seinen Gedanken plötzlich wieder um Themen im Jugendkreis, hört im Innersten erneut auf Jesus, den Heiland der Welt, denkt zurück an Menschen, junge und ältere, die damals für ihn beteten. Er wagt den „Schritt über die Linie" und vertraut sein Leben Jesus Christus an. Urplötzlich erfährt er das Geschenk eines sinnerfüllten Lebens.
Eines Tages taucht er – ohne jede Ankündigung – in unserer Wohnung auf, ein neuer Mensch und glücklich geborgen in einer Gemeinde von Menschen, die Jesus nachfolgen. Nach diesem Neuanfang erneuerte sich die Welt für ihn.
Dieses Erlebnis brachte mich zum Nachdenken und „Nachdanken". Damals beteten Menschen für Dieter, einsam und gemeinsam, bestimmt auch immer wieder. Man darf doch alles und alle vor Gott bringen und Beten ist bestimmt der sicherste Weg zu Gott. Gott erhörte diese Gebete. Beten braucht aber auch Wartezeiten, manchmal lange Wartezeiten. Beten ist Vertrauen mit Ausdauer, in sorgloser Heiterkeit, verbunden mit dem Wissen: „Mein Vater im Himmel kann und hat noch viel mehr."
Darum schreibt uns der Apostel Paulus sozusagen ins Stammbuch: „Haltet an am Gebet" (Kolosser 4,2).
Johannes Chrisostomus hat es anders ausgedrückt: „Ein Asyl für jeden Kummer ist das Gebet."

# 2. Hilfe

Mein Urgroßvater hatte 14 Kinder. Obwohl äußerlich arm, war er innerlich aber umso reicher und sah seine Kinder als eine Gabe des Herrn (Psalm 127,3), ja als seinen Reichtum an. Rührend veranschlagt er in einem Dokument, als er nach dem Tod seiner ersten Frau um die Hand seiner zweiten wirbt, auf der „Haben-Seite" seines Besitzes als einzigen „Haben-Bestand" jedes seiner Kinder mit 20000 Goldmark. Vielleicht empfand er seine Kinder als seinen „Besitz", weil er sonst so vieles entbehren musste. Es war wie eine Bestätigung des Wortes: „Jedes neugeborene Kind bringt die Botschaft, dass Gott sein Vertrauen in den Menschen noch nicht verloren hat."

Christian war wohl das am schwächsten begabte der Kinder, lebte aber in einem kindlichen Vertrauensverhältnis zu Jesus. Als Korbmachergehilfe arbeitete er eines Tages auf einer großen Weidenfläche im sumpfigen Gelände. Der zum Abtransport der geschnittenen Weiden bestellte Fuhrmann mit Pferd überlud den Wagen so, dass die Räder im feuchten Boden einsanken. Alle Versuche, den Wagen wieder flottzukriegen, waren vergeblich. Der Fuhrmann war verzweifelt und jammerte, den Tränen nahe: „Ich kann doch nicht ohne Pferdewagen zu meinem Herrn zurückkehren." In der allgemeinen Ratlosigkeit kniete sich Christian in kindlicher Einfalt auf den nassen Boden und betete. Als er vor Gott seine große Not ausgebreitet hatte, stand er auf, nahm das Pferd beim Halfter, und es zog mit einem Ruck den Wagen aus dem Sumpf. Das war für alle Anwesenden ein besonderes Erleben. Für seinen älteren Bruder Gottlob der erste Schritt zu einem Leben mit Gott.

Christian musste Soldat werden und verhungerte als blutjunger Kerl im russischen Kriegsgefangenenlager Nowo Nicolaijewsk in Sibirien. Für ihn war der Tod der Eingang zum immerwährenden Leben mit Jesus, den er so sehr liebte.

Gott wirkt manchmal schmerzlich anders, als wir uns das oft vorstellen. Und er wirkt unerwartet. Aber was unbegreiflich ist, ist darum nicht weniger wirklich.

In allen meinen Bitten und Wünschen muss ich mir immer über eines klar sein: Gott ist mir im Wissen um das, was ich brauche, um eine Ewigkeit voraus.

Aufgrund langer eigener Erfahrung weiß ich, dass er am besten für mich sorgt. Aber wichtiger noch als meine Erfahrung sind die Zusagen Gottes in seinem Wort, an die er sich gebunden hat.
Das Wort des lebendigen Gottes ermuntert mich, mich dieser Fürsorge aus der Nähe anzuvertrauen, die Fürsorge aus erster Hand anzunehmen. „Der Herr ist nahe allen, die ihn anrufen, allen, die ihn mit Ernst anrufen" (Psalm 145,18). In diesem Vers wird uns versichert: Er tut, er hört, er hilft, er behütet (Psalm 145,19-20).

# 3. Vertrauen

Im Verlauf von Jahrzehnten lernt man eine beträchtliche Zahl von Predigern und Verkündigern der guten Botschaft von Jesus kennen. Viele haben nicht nur etwas zum Reden, sondern auch etwas zu sagen.
Zu Letzteren gehörte Kurt, ein durch und durch fröhlicher Mensch. Es ist mir noch heute, als ob ich sein lautes Lachen hören könnte. Dies war jedoch keine aufgesetzte Fröhlichkeit, sondern Ausdruck der Dankbarkeit als Grundzug eines neuen Lebens. Der Satz: „Es muss die Milch im Topf nicht sauer werden, wenn ein Christenmensch hineinschaut", hätte von ihm stammen können. Er war selbst an der Quelle der Freude.
Nun könnte man kritisch anmerken: Solange man auf der Sonnenseite des Lebens angesiedelt ist, sollte das auch kein Kunststück sein. Denn wenn ich in die Sonne schaue, wird mein Gesicht hell. Zudem haben wir unser Leben nicht selbst und alleine zu leben, weil Gott es mit uns lebt.
Nach manchen guten, unbeschwerten Jahren musste Kurt die Erfahrung machen, dass Gott nicht immer am Leiden vorbeiführt, aber verspricht, durch das Leiden hindurchzuführen. Martin Luther hat das einmal so ausgedrückt: „Es will gelitten sein, wer den Christus will haben." Ein Gehirntumor machte Kurt große Mühe und brachte körperliche Eingrenzungen mit sich, die aber keineswegs zur Begrenzung seines Vertrauens Jesus gegenüber führten. Bald wurde eine Operation, mit ungewissen Chancen, unumgänglich, und man bereitete Kurt im Krankenhaus darauf vor. Er vertraute seinem guten Hirten, wie es Albert Bartsch formulierte: „In der Dunkelheit bist du doch bei mir. Meine Frist und Zeit, liegt mein Gott, in dir."
Als der Narkose-Arzt Kurt bat mit Zählen zu beginnen – so war das früher –, um die Wirkung der Anästhesie zu sehen, hatte Kurt etwas „Besseres" vor. Zum großen Erstaunen aller Anwesenden im Operationssaal sagte er, statt der erwarteten Zahlenfolge, mit fester Stimme das Lied von Philipp Spitta auf. Selbst noch in der Narkose kamen die Liedverse über seine Lippen:

„Ich steh in meines Herren Hand
und will drin stehen bleiben,
nicht Erdennot, nicht Erdentand,
soll mich daraus vertreiben.
Und wenn zerfällt die ganze Welt,
wer sich an ihn und wen er hält,
wird wohlbehalten bleiben.

Er ist ein Fels, ein sichrer Hort,
und Wunder sollen schauen,
die sich auf sein wahrhaftig Wort
verlassen und ihm trauen.
Er hat's gesagt,
und darauf wagt
mein Herz es froh und unverzagt
und lässt sich gar nicht grauen.

Und meines Glaubens Unterpfand
ist, was er selbst verheißen,
dass nichts mich seiner starken Hand
soll je und je entreißen.
Was er verspricht,
das bricht er nicht;
er bleibet meine Zuversicht,
ich will ihn ewig preisen.

Diese Zuversicht erfüllte selbst sein Unterbewusstsein.
Kurt wachte aus der Narkose nicht mehr auf, war aber ganz in den Händen seines liebenden Vaters im Himmel, dem er mit fester Gewissheit vertraute.
„Werfet euer Vertrauen nicht weg, welches eine große Belohnung hat" (Hebräer 10,35).

# 4. Singen

In einem kleinen Dorf am Rande der Schwäbischen Alb lebte ein lieber väterlicher Freund. Er war einfacher Fabrikarbeiter, wie viele seines Heimatdorfes, und führte, wie die meisten Altersgenossen, ein recht unauffälliges Leben. Als junger Mensch war sein späterer Weg damals überhaupt noch nicht vorauszusehen. Matthias Claudius hätte auch von ihm sagen können: „Alle Wege, die zu etwas Ernsthaftem führen, sind nicht gebahnt und lustig."

Es wurde ihm eines Tages zutiefst bewusst, dass ein Mensch nicht gleichzeitig in zwei Richtungen gehen kann. Er stand an einer Wegscheide, jeder weitere Schritt bedeutete eine Entscheidung. Durch das Hören der biblischen Botschaft erfuhr er, wie es Paul Humburg formulierte: „Man kann gerettet werden nur durch Jesus, man kann verloren gehen nur an Jesus." Mit seinem ganzen Leben und Sein verschrieb er sich Jesus, der fortan Herr seines Lebens sein sollte. Aus dem sonst so zurückhaltenden Mann strahlte die Freude. Ich sehe noch heute seine blitzenden, weiten Augen vor mir, Spiegelbilder einer großen Seele. Fast automatisch sammelte er eine immer größer werdende Schar junger Männer um sich, um ihnen Jesus zu bezeugen. Auch aus den umliegenden Ortschaften kamen sie herzu. Mein väterlicher Freund Gottlieb, ein heute fast vergessener Vorname, sprudelte nur so von dem, was sein Herz erfüllte.

Sein Heimatdorf lag am Rande eines großen Obstgebietes mit tausenden von Kirschbäumen. Kurz nach seiner totalen Lebenswende saß er – nach der üblichen Tagesarbeit in der Pressenfabrik – noch auf einem Baum, um Kirschen zu pflücken.

Er sang dazu mit voller Stimme als ungebremste, emotionale Lebensäußerung: „Stille Nacht, heilige Nacht" und wollte mit diesem Weihnachtslied auch im Frühsommer seinem tiefen Erleben Luft machen. Wahrscheinlich kannte er auch sonst gar keine „frommen" Lieder. Er beherzigte das Wort des Apostels Paulus: „Freuet euch in dem Herrn allewege."

Seine eigene Bibelübersetzung lautete: „Freuet euch in dem Herrn auch auf allen Kirschbäumen und nicht nur an Weihnachten." Gottlieb wurde ein Segensträger in der ganzen Gegend. Er arbeitete bis 18 Uhr in der Fabrik, setzte sich dann aufs Fahrrad und fuhr etwa 25 km bis zu meinem Heimatdorf, um dann, zwar total verschwitzt, aber pünktlich um 20 Uhr auf der Kanzel als Evangelist vielen Menschen das Evangelium zu sagen: sehr praktisch, sehr konkret. Er wurde Seelsorger für viele. Mit manchen, denen er Ratgeber war, bin ich noch heute verbunden.

Es ist eigentlich fast müßig zu erzählen, dass er während der Nazizeit massive Probleme wegen der klaren Ausrichtung seiner Jungmännerarbeit bekam. Nach dem Ende des Zweiten Weltkrieges wurde er in seinem von den Kriegsereignissen schwer zerstörten Heimatdorf als Bürgermeister eingesetzt. Er war im Dorf zur absoluten Vertrauensperson geworden und sorgte für einen schnellen Wiederaufbau, der viele Beobachter in Staunen versetzte.

Wenn ein Mensch von der Finsternis zum wahren Licht des Evangeliums durchbricht, äußert sich das auch im Singen. Der neue Mensch singt das neue Lied, das immer ein Christuslied ist.

Petrus jubelt bei seiner ersten Predigt nach dem Pfingsterleben im Überschwang mit Psalmen: „Darum ist mein Herz fröhlich, und meine Zunge freuet sich“ (Apostelgeschichte 2,26).

Dieses Lob ist seine Antwort auf das Neue. Der Lobpreis ist neu, Gottes Erbarmen ist neu, die Lieder sind neu.

„Die Freude am Herrn ist eure Stärke“ (Nehemia 8,10).

„Singet und spielet dem Herrn in euren Herzen und saget Dank allezeit für alles, Gott und dem Vater, in dem Namen unseres Herrn Jesus Christus“ (vgl. Epheser 5,19-20).

# 5. Wahrheit

An einem Sonntagnachmittag der 30er Jahre, ich war noch ein recht kleiner Bub, verbrachte ich wenige Stunden alleine zu Hause, was äußerst selten vorkam. Meine Eltern waren in der Nachmittagsversammlung einer pietistischen Gemeinschaft unseres Dorfes. Ich weiß nicht mehr, warum ich nicht dabei war. Aber eines weiß ich noch sicher: Es war nicht gut, dass ich die Versammlungsstunde versäumte.

Währenddessen klingelte die Hausglocke. Ganz unerwartet kam ein Bruder meines Vaters zu Besuch, denn er war nicht so vertraut mit den Gewohnheiten meiner Eltern. Und dieser Onkel überraschte mich mit einem großen Schokoladenhasen. Ich glaube, ich hatte von diesem Onkel, den ich sowieso nur ganz selten sah, noch nie etwas geschenkt bekommen. Aber er machte auf mich einen großen Eindruck, da er früher aktiver Boxer gewesen war und aus dieser Zeit eine reichlich breite, zerquetschte Nase hatte. Weil meine Eltern nicht anwesend waren, verabschiedete sich der Onkel auch bald wieder.

Nun saß ich ganz alleine mit dem Schokoladenhasen da. Da wir in sehr einfachen Verhältnissen lebten – was mir übrigens nicht geschadet hat – empfand ich dieses unerwartete Geschenk wie einen gefundenen Goldschatz. Noch nie hatte ich so etwas gehabt, auch später in meiner ganzen Jugendzeit nicht. Dabei hatte ich mir so sehr einmal einen Schokoladenhasen gewünscht. Wie dieser nun so vor mir auf dem Tisch stand, kam bei mir ein Gedanke auf. Der entwickelte sich bald zum Wunsch, gepaart mit dem Willen und der Gelegenheit, sodass die Tat nicht mehr länger auf sich warten ließ: Ich fing an, den Hasen anzuknabbern. Meine Eltern waren nicht da, und sie brauchten ja von dem Geschenk nichts zu erfahren. So „arbeitete" ich mich von den Ohren des Hasen an weiter abwärts. Großartig war das, einfach einmalig. Schon war ein Drittel aufgezehrt, als endlich mein Heißhunger gestillt war. Ich hatte keinerlei Erfahrung mit Schokoladenhasen und schon gar nicht mit dem durch sie hervorgerufenen Sättigungsgrad. Aber ich musste mich beeilen, denn meine Eltern würden bald wiederkommen und sollten von der ganzen Geschichte nichts mitkriegen. Als knapp die Hälfte, jetzt schon mehr gezwungenermaßen, vertilgt war, wurde mir vor lauter Schokolade übel.

Die Zeit drängte und ich war zum raschen Handeln gezwungen. Schnell packte ich einen Spaten, eilte in den Garten und grub ein Loch

in die Erde, in dem ich die zweite Hälfte des Hasen vergrub, immer in der Angst, die Eltern könnten früher kommen oder meine Mutter, als Gartenspezialistin, würde das Schokoladengrab entdecken. Was aber viel schlimmer war: Ich fühlte mich absolut schlecht und schuldig meinen Eltern gegenüber. Sie hätten sich sicher gerne mit mir über das einmalige Geschenk gefreut.
Mein Leben war nicht mehr durchsichtig und wahr, das zeigte jeder kleinste Kontakt mit ihnen. Dies bedurfte dringend einer Entlastung. Wie lange ich dieses Geheimnis verbarg, bis es zur frei machenden „Beichte“ kam, weiß ich heute nicht mehr. Aber es ist mir jedenfalls nicht leicht gefallen, darüber zu reden.
Heute denke ich, dass diese Geschichte die typische Schuldverstrickungsleiter abwärts kennzeichnet. So läuft doch die Trickkiste vom satanischen Gegenspieler Gottes in Regelmäßigkeit ab: Gedanke - Wunsch - Wille - Gelegenheit - Tat - und wenn daraus Gewohnheit oder gar Leidenschaft wird – , der sicherste Weg ins Verderben. Es war lebensnotwendig für mich, dass dieser Abwärtsgang in meinem Leben von Jesus gestoppt wurde.
All dies hat auch mit der Wahrheit zu tun. Schon Heinrich Pestalozzi erklärte: „Wer kein Herz für die Wahrheit hat, dessen Kopf nimmt früher oder später der Teufel ein.“
Ich musste die Wahrheit gegen mich selbst ertragen, sie nicht verdrängen, ja, ich musste die Wahrheit wahrhaben wollen. Diese Wahrheit, die eine Wahrheit, die ich suche, richtet sich nicht nach mir. Ich muss mich nach ihr richten.
Diese Wahrheit ist eine Person: Jesus, der Christus (vgl. Johannes 14,6).
Jesus sagte: „Ihr werdet die Wahrheit erkennen, und die Wahrheit wird euch frei machen“ (Johannes 8,32).

# 6. Bekenntnis

Im Februar 1943 wurden die Schüler unserer Gymnasialklasse als Luftwaffenhelfer für die Luftabwehr (Flak) verpflichtet. Damit begann für uns ein total verändertes Leben. Wenn man es mit heute gebräuchlichen Worten sagen darf: Wir wurden die Kindersoldaten von damals, und nicht wenige verloren dabei ihr Leben.
Nach einer trotz Krieg und Naziterror „relativ normalen“ Kindheit, auch dank des tapferen Schutzschildes meiner Eltern, folgte jetzt die raue Kriegssituation mit allem Drum und Dran.
Seither hatte ich behütet gelebt, mehr oder weniger frei und ungezwungen, jetzt aber war alles reglementiert. Das Glück der Masse war der Zwang, und einzelne militärische Vorgesetzte, beileibe nicht alle, waren schon eine Zumutung. Es waren meist Menschen, die sich selbst nicht ertragen konnten.
Ich war in einer schweren Flakbatterie am Radargerät eingesetzt. Bei einem Appell aller Soldaten hatte unser Batteriechef, ein Oberleutnant, mich grundlos im Visier. Vom reichlichen Alkoholgenuss war sein Gesicht bereits deutlich gezeichnet. Man war ja als Jugendlicher entsprechend unerwarteten Attacken gegenüber schutzlos. Der vor den „angetretenen“ Soldaten stehende Batteriechef begann unvermittelt: „Ich habe da gehört, dass wir ein Judensöhnchen unter uns haben!“ Das verursachte allgemeines Gelächter der in drei Reihen aufgestellten Soldaten. Bereits jetzt ahnte ich, dass es eventuell mich betreffen könnte. Vielleicht duckte ich mich unwillkürlich auch etwas, um nicht aufzufallen.
„Wo ist denn das Judensöhnchen?“, rief dann der Chef. Wieder meldete ich mich nicht, obwohl ich nun wusste, dass er mich meinen musste. Denn mit meinem ersten Vornamen heiße ich Samuel, ein zu der Zeit nicht gerade begehrter Name. Dann schrie der Batteriechef, jetzt allerdings mit erhobener Stimme: „Samuel, komm heraus!“
Unter dem wiehernden Gelächter aller musste ich vor die Truppe treten. Was der Offizier dann zu mir oder über mich sagte, weiß ich nicht mehr. Ich war zweifellos zu aufgeregt. Es berührte mich besonders, dass ich damals schon selbst realisierte, wie peinlich diese Situation war, obwohl ich zu diesem Zeitpunkt bestimmt noch kein Nachfolger von Jesus im Sinne des Wortes Gottes war.

Überhaupt habe ich mich auch später noch lange Zeit mit dem Bekennen echt schwer getan. Ich wollte doch nicht in die – für heutige Zeitgenossen als minderwertig eingestufte – Schublade „rückständiger Frommer“ geschoben werden und wollte für mich ganz privat, sozusagen im Versteck, das glauben, was mir gefiel.
Bis, ja bis mir vom Wort des lebendigen Gottes her deutlich wurde, dass Bekennen zu den drei Lebensäußerungen des Glaubens gehört. Dabei gilt auch, dass Bekenntnis ohne Lebensveränderung meist nur ein Spiel ist.
Im Brief des Paulus an die Römer werden diese Lebensäußerungen genannt:
Hören: „So kommt der Glaube aus der Predigt“ (Römer 10,17).
Anrufen: „Denn jeder, der den Namen des Herrn anruft, wird gerettet werden“ (Römer 10,13).
Bekennen: „Denn so du mit deinem Munde bekennst Jesum, dass er der Herr sei ..., so wirst du selig“ (Römer 10,9).
Petrus schreibt: „Seid stets bereit, jedem Rede und Antwort zu stehen, der nach der Hoffnung fragt, die euch erfüllt“ (1. Petrus 3,15).
Und unser Herr Jesus Christus selbst sagt: „Wer nun mich bekennet vor den Menschen, den will ich bekennen vor meinem himmlischen Vater. Wer mich aber verleugnet vor den Menschen, den will ich auch verleugnen vor meinem himmlischen Vater“ (Matthäus 10,32-33).

# 7. Das Zentrum

Als Student lebte ich in der wunderschönen alten Universitätsstadt Tübingen. Einmal wurde ich zu einer Bezirkskonferenz des Altpietistischen Gemeinschaftsverbandes eingeladen. Gespannt lauschte ich den Beiträgen der am „Brüdertisch“ sitzenden Brüder: ein bunter Wechsel tiefgründiger, manchmal recht origineller Schriftauslegung. Man spürte bei den Redenden etwas vom großen Vertrauen ins Wort Gottes. Der stetige Umgang mit der Bibel hatte auch sichtbare Prägungen im Leben dieser Männer hinterlassen.

Im Verlauf dieses Konferenznachmittags wurde ein weiterer „Bruder“ zum Wortbeitrag gebeten. Der erzählte viel, einfach und schlicht, alles aber nicht gerade gespickt von tiefer Schrifterkenntnis. Der „Redner“ stellte sich mit seinen Erfahrungen in den Vordergrund und weniger die biblischen Aussagen über den vorgegebenen Konferenztext.

In der Mitte des „Brüdertisches“ saß, ich hätte beinahe gesagt, thronte der Vorsitzende des Gemeinschaftsverbandes, der wie ein Patriarch wirkte, wie ein Hausvater, der seiner großen Versammlungsfamilie wohl vorstand. Er war ein durch und durch geistlich geprägter Mann und hatte bedeutende Leitungsqualitäten. Dieser – es war der damalige Pfarrer Horn – wurde bei dem schon erwähnten Beitrag des Bruders etwas unruhig.

Plötzlich unterbrach er dessen Redefluss und sagte vor allen Konferenzteilnehmern mit fester klarer Stimme: „Bruder ...“ – nennen wir ihn einmal Karl, seinen richtigen Vornamen weiß ich nicht mehr –, „Bruder Karl, erzähl mehr vom Heiland und weniger von dir!“

Dieses in Liebe, Verantwortung und Vollmacht ausgesprochene Wort bewirkte ein heilsames Nachdenken über die „Hauptsache“ der Verkündigung.

Gewiss ist es wichtig, schön und eigentlich normal, wenn wir Erfahrungen mit Jesus machen, aber die Botschaft des Christus ist das Zentrum, die Verkündigung ist die Hauptsache und muss es bleiben. Es ist auch nicht gut, wenn wir anderen unsere Erfahrungen aufdrängen, denn Gott führt nicht alle Menschen gleich.

Im Mittelpunkt sollte stehen: „Wir predigen nicht uns selbst, sondern Jesus Christus, dass er sei der Herr“ (2. Korinther 4,5).

„Einen anderen Grund kann niemand legen außer dem, der gelegt ist, welcher ist Jesus Christus“ (1. Korinther 3,11).

Darin ist das ganze Leben und die Hoffnung der Welt beschlossen. Paulus zeigt uns die Wichtigkeit der Konzentration auf die Hauptsache, wenn er schreibt: „Ich habe mir vorgenommen, dass ich sonst nichts unter euch wüsste als allein Jesus Christus und den als Gekreuzigten“ (1. Korinther 2,2).

# 8. Wirkungen

Ein Nachbar unserer Familie war Bauer, ein sehr stolzer Mann, der vom Wort Gottes her nicht ansprechbar war, charakterlich auch ein ziemlich roher Mensch. Man sah seine Frau immer wieder einmal am späten Abend aus dem Haus huschen, um den Schlägen des angetrunkenen Ehemannes zu entgehen. Sie schlief dann nicht im Wohnhaus, sondern in der frei stehenden Scheune auf Heu oder Stroh.
Damals fand im Dorf eine Evangelisation in einer Gastwirtschaft statt. Die klare Wortverkündigung hatte durchschlagende Wirkung. Viele Menschen nahmen das Evangelium von Jesus Christus persönlich an, wobei doch von vornherein feststeht: Die Tatsache, dass Gott uns annimmt, ja bereits angenommen hat, geht all unserem menschlichen Annehmen voraus.
Diese Annahme der rettenden Gnade brachte all diesen Menschen tief greifende Freude, große Gewissheit und zeigte sich auch in Lebensveränderungen.
Bei anderen führte die Wortverkündigung zur Erkenntnis von Lebensschuld, bei einzelnen Zuhörern zum Überschlagen der Kosten, ob sich Nachfolge Jesu auch „lohne". Jedoch hatten ihre Überlegungen durchaus unterschiedlichen Ausgang.
Ein Mann zum Beispiel, eher im unteren sozialen Spektrum angesiedelt, war tief getroffen, ja aufgewühlt, und sagte zu meinem Vater: „Ich kann mich nicht bekehren, sonst müsste ich einige Eisenbahner auf den Bahnhof kommen lassen." Er wollte damit ausdrücken, dass er dann alles wieder gutmachen müsste und zur Rückgabe des Diebesgutes einige Eisenbahnwaggons benötigte.
Die dritte Wirkung war reine Aggression, der Wunsch, sich selbst zu behaupten und sich von den Frommen abzugrenzen.
Dieser Aufbruch schlug natürlich im Dorf große Wellen. Es wurde eine Versammlung gegründet, um Gemeinschaft unter dem Wort Gottes zu haben. Dafür musste jeweils vor Versammlungsbeginn eine Werkstatt ausgeräumt werden. Gegner des Aufbruchs hatten während einer Abendversammlung einige Bohlen weggetragen. Die Besucher der abendlichen Zusammenkunft konnten das nicht ahnen und fielen geradewegs in die offen gelegte Abortgrube. Dies und andere Angriffe konnten aber den Sieg des Evangeliums nicht verhindern. Die Anfein-

dung zeigte den Selbstanspruch des eigenen Seins, den Menschen nicht aufgeben wollten. Das hatte – wie bei dem oben genannten Bauernnachbarn – irreparable Folgen. Seine Reaktion auf die Evangelisation war pure Aggression.
Wir wohnten gerade auf der anderen Straßenseite. Immer wieder kam es vor, wenn mein Vater aus seinem Hause ging, dass sich der Nachbar in seinem Hofe vor der Scheune aufstellte, theatralisch provozierend die Hände faltete und mit lauter, höhnisch spottender, erhobener Stimme aus dem Psalm 23 zitierte: „Der Herr ist mein Hirte, mir wird nichts mangeln." Er wollte in herausfordernder Weise meinen Vater und seinen Glauben lächerlich machen.
Etwa ein Jahr später, gleich zu Beginn des Krieges, wurde der Nachbar zum Kriegseinsatz abkommandiert und in einem Steinbruch bei Sprengarbeiten eingesetzt. Das sollte seine Ableistung des Wehrdienstes sein. Eines Tages zündete eine Sprengladung aus unerklärlichen Gründen nicht. Nach einiger Zeit sollte unser Nachbar prüfen, warum. Genau in dem Augenblick, in dem er das Bohrloch inspizierte, explodierte verspätet die Sprengladung und riss ihm am Kopf einen großen Teil der Hirnschale weg. Ein schrecklicher Anblick.
Während er noch einige Tage lebte, meistens bewusstlos, zitierte er – manchmal pausenlos – den Anfang des Psalms: „Der Herr ist mein Hirte." Es war fast wie ein Motor, den man nicht mehr abstellen konnte.
Selten wurde das Bibelwort: „Irret euch nicht, Gott lässt sich nicht spotten, denn was der Mensch sät, das wird er ernten" (Galater 6,7), so aktuell wie bei diesem Erleben.
Richten ist das Handeln Gottes, durch das er Recht schafft und straft. Aber: Alles Gericht ist dem Christus übergeben.
Auch in den Evangelien stellt uns Jesus in seiner Botschaft den Ernst des Gerichts immer wieder vor Augen, was in der Verkündigung heute oft zu rasch übergangen wird. Rettung gibt es nur durch Vergebung, nur durch die Gnade von Jesus Christus (Römer 5,9). Das endgültige Urteil über einen Menschen erfolgt durch Christus und nicht durch Menschen.
Ich werde deshalb selbst nie vergessen können und wollen: „Denn wir müssen alle offenbar werden vor dem Richterstuhl Christi, damit jeder seinen Lohn empfange für das, was er getan hat bei Lebzeiten, es sei gut oder böse" (2. Korinther 5,10).

# 9. Glauben leben

Mit einer Gruppe deutscher Parlamentarier war ich wieder zum jährlichen Nationalen Gebetsfrühstück in Washington, USA, eingeladen worden.
Häufig waren in unsere deutsche Gruppe auch Parlamentarier und Diplomaten anderer Länder integriert.
Nach dem immer üblichen Besuch – samt Gesprächen – in der UNO und der ständigen Vertretung der Bundesrepublik Deutschland in New York fuhren wir mit dem Bus nach Washington, DC, um dort einige Tage zu verbringen. Das große Gebetsfrühstück mit mindestens 3000 Teilnehmern, wie immer sehr bewegend, war eine Sache; die kleineren Veranstaltungen und die Einladungen unserer Gruppe in Privatwohnungen, eine andere.
Es kam zu Gesprächen mit amerikanischen Abgeordneten und offiziellen politischen Kontakten, und manchmal wurden wir nach den offiziellen Tagen in Washington noch von befreundeten Gruppen dieser „Fellowship" zu Besuchen von Florida bis hin nach Kalifornien eingeladen.
Bei einer dieser Einladungen im Anschluss an den großen Anlass in Washington war wieder ein Vorstellungsabend unserer deutschen Gruppe bei den Freunden vorgesehen. Jeder Teilnehmer sollte sich persönlich vorstellen, Fragen beantworten über das Woher, Wohin, Warum und Wozu. Unsere Freunde aus den eher unbekannten afrikanischen oder osteuropäischen Ländern wurden manchmal noch zur wirtschaftlichen, kulturellen und religiösen Situation ihrer Länder befragt.
Einer der Teilnehmer der deutschen Gruppe war Maurice Omwony, damals Botschafter Kenias in Bonn. Er antwortete auf die Frage, welche Exportartikel sein Land denn habe, mit feinem Lächeln: „Wir haben eigentlich zwei Exportartikel: Sonnenschein und fröhliche Gesichter."
Dann stellte sich als Nächster Beell Kabanda, Sekretär des Präsidenten Museveni von Uganda, mit seiner Frau vor. Wir würden ihn heute Staatssekretär nennen. Er bat, dies mit einem Lied tun zu dürfen. Wir erwarteten alle ein typisch afrikanisches Lied, aber die beiden stimmten im Duett an: „Read your bible, pray every day" (Lies die Bibel, bete jeden Tag). Das ist ein sehr bekanntes Kinderlied.

Die Teilnehmer waren über diese gelungene Präsentation begeistert und sogleich übten wir das kindgemäße Lied mit den Bundestagsabgeordneten ein und sangen es. Das war für unsere deutschen Parlamentarier sicher nicht so ganz „normal“ wie für unsere afrikanischen Freunde.

Jedes Mal, wenn ich Beell Kabanda wieder treffe, erinnere ich ihn an seine musikalische Vorstellungsrunde. Und ich denke an die unverkrampfte Fröhlichkeit meiner afrikanischen Freunde, für die es das Normalste der Welt ist, ihren Glauben an Christus zu bezeugen, zu besingen und zu leben.

Viele empfinden – im Bild gesprochen – Glauben und Bezeugen wie siamesische Zwillinge. Man kann sie kaum trennen, ohne dass beide Schaden leiden.

Ich wünsche mir und uns Deutschen, dass wir diese Natürlichkeit nicht als Pose einnehmen, sondern in einer „heiligen, fröhlichen Natürlichkeit“ leben, auch als Ausdruck unserer Dankbarkeit.

„Doch die bei dir Zuflucht suchen, sollen sich freuen, sie sollen Loblieder singen in alle Ewigkeit“ (Psalm 5,12).

„Macht Christus zum Herrn eures Lebens. Und wenn man euch nach eurer Hoffnung fragt, dann seid immer bereit, darüber Auskunft zu geben“ (1. Petrus 3,15).

# 10. Echtheit

Es war in der Weihnachtszeit 1945. Ich wurde als Student im Auftrag des Evangelischen Hilfswerkes etwa ein Jahr lang in einem Lager für bessarabien-deutsche Flüchtlinge als Helfer eingesetzt. Dies war eine gute, praktische und geistliche Herausforderung.

Dabei wurde der Versuch gewagt, im Nachkriegsdeutschland dem durch die Kriegseinwirkungen katastrophalen Wohnungsmangel etwas abzuhelfen, indem man Lehmhäuser baute, mit festgestampftem Lehm, wie das in Bessarabien (dem heutigen Moldawien) gang und gäbe war. Eine wirtschaftlich, ökonomisch und ökologisch sehr wertvolle Initiative, die in Deutschland aber an der überzogenen Regelwut unserer Bauvorschriften scheiterte. Leider, denn so mussten die Flüchtlinge weiter in Baracken leben, obwohl sie mit viel Eigenarbeit im Steinbruch, Holzeinschlag im Wald, Maurerarbeiten und zudem äußerst motiviert in Kürze eine ganze Siedlung hätten bauen können. (Die tatsächlich erstellten Häuser haben sich übrigens bis heute bewährt). Ich selbst habe bei diesen Bauarbeiten überall praktisch mitgearbeitet, was auch für meine Lebensentwicklung wichtig war. Außerdem habe ich Andachten gehalten und Bibelgesprächskreise betreut.

Je näher es auf das erste Nachkriegs-Weihnachtsfest zuging, man im Lager wehmütig an die alte Heimat Bessarabien dachte, an die von Hitler befohlene Zwangsumsiedlung in den so genannten „Warthegau" (heute polnisch) und an die anschließende dramatische Flucht vor den vorrückenden russischen Truppenverbänden, freute ich mich sehr, nach zwei Kriegsweihnachten in der Ferne, diesmal wieder zu Hause feiern zu können. Ich wollte mit den Eltern und meiner einzigen noch lebenden Schwester zusammen sein, denn ich war ja damals erst 18 Jahre alt.

Die Flüchtlinge lebten nun zwar heimatlos in Baracken, aber doch wieder in ihrer ursprünglichen Heimat Württemberg, aus der ihre Vorfahren vor fast 200 Jahren ausgewandert waren. Sie dachten oft an ihre wunderschönen Bauernhöfe zurück, an den besonders fruchtbaren Boden und natürlich an die Weihnachtsfeste.

Die Erinnerung, manchmal nur im Abschied geboren und ein meist nur halb geglückter Versuch der Vergangenheitsbewältigung, schenkte aber dem Leben in den Baracken ein Stück weit Zukunft, und man nahm

die Vorbereitung auf Weihnachten, wenn auch mit wirklich einfachsten Mitteln, doch sehr ernst und wichtig.
Dabei fiel mir auf, dass jeder der Flüchtlinge selbstverständlich davon ausgegangen war, ich bliebe über Weihnachten im Lager. Das war ganz sicher nicht mein Wunsch und Wille. Wenn ich diesem selbstverständlichen Wunschdenken der Lagerbewohner mit Zweifeln zu begegnen suchte, erntete ich bares Unverständnis. Für sie war es ganz selbstverständlich, dass ich, der ich mehr schlecht als recht die Botschaft von Jesus und seiner Liebe weitersagen wollte, Weihnachten mit ihnen zu verbringen hätte.
Mir tat sich ein Problem auf, wollte ich doch keinesfalls auch noch das dritte Weihnachtsfest hintereinander nicht zu Hause erleben. Bald stellte sich heraus, dass dies eine Testanfrage an mich war, eine Echtheits- oder Glaubwürdigkeitsprüfung, ob ich als Nachfolger von Jesus bereit war, nicht nur von der Liebe Gottes zu reden, sondern sie auch ins praktische Leben zu transportieren. Ich sollte mir also mit meinem Glauben nicht nur jeden Augenblick vergegenwärtigen, dass ich geliebt werde, sondern diese Liebe Gottes auch an andere weitergeben, getreu dem Ausspruch Gustav Werners: „Was nicht zur Tat wird, hat keinen Wert."
Eine spannende Entscheidung musste getroffen werden, nicht ganz freiwillig, wie ich gestehen muss, aber dafür notwendig. Ich blieb also im Lager. Aber ganz so leicht wollte ich es ihnen, und sie hatten mich wirklich in ihr Herz geschlossen und als Mitglied der großen „Flüchtlingsfamilie" aufgenommen, nicht machen. Irgendwie wollte ich sie, damit sie mein Dableiben nicht als selbstverständlich nähmen, etwas necken.
Mit der Pfarrfamilie des Dorfes hatte ich eine Überraschung abgesprochen. Der Jüngste der Familie rannte mit einem fingierten Telegramm ins Flüchtlingslager, mit dem Inhalt, dass ich aus bestimmten, dringenden Gründen sofort, auf der Stelle, zu meinen Eltern kommen müsse. Die wohnten etwa 50 km entfernt.
Ich verabschiedete mich daraufhin mit einem gut gespielten großen Bedauern im Lager.
Gegen ein so dringendes Telegramm konnten auch die Lagerbewohner nichts mehr einwenden, da war plötzlich etwas Verständnis gewachsen. Ich verabschiedete mich und begab mich schnurstracks nicht nach Hause, was wegen gesprengter Brücken und nicht fahrender Eisen-

bahnzüge eher schwierig geworden wäre, sondern direkt ins Pfarrhaus, um dort in der Pfarrfamilie die relativ früh stattfindende Weihnachtsfeier mitzuerleben.
Anschließend wurde ich mit einer alten, rosaroten, riesigen Doppelbettdecke als „Weihnachtsmann“ verkleidet. Man verpasste mir etwa 40 cm hohe Holzstelzen, um den „Weihnachtsmann“ auch recht imposant erscheinen zu lassen. Das war für mich sozusagen noch eine gleichzeitige Prüfung meines Gleichgewichtsvermögens. Auf dem Rücken hatte ich einen alten, verflickten, mit vielen Minigeschenken gefüllten, kleinen Sack – mit solch wirklich armseligen Geschenken könnte man heute nicht einmal mehr Kinder entzücken, geschweige denn Erwachsene. Ich musste mich wegen meiner recht ungewohnten „Höhe“ tief bücken, um überhaupt durch die Tür in die „Festbaracke“ zu gelangen. Was war das für eine Überraschung! Beinahe hätte es noch einen Eklat gegeben, denn die mir verpasste Größe, nachdem ich selbst schon über 1.80 m lang war, brachte mich in direkte Berührung mit einem mehrere Meter langen, waagrechten Abzugsrohr eines Kanonenofens. Einige kräftige Männerhände verhinderten Schlimmeres. Nachdem einzelne meine Stimme schließlich erkannt hatten, war die Freude groß. Ich sollte jetzt mit ihnen die noch aus der bessarabischen Heimat bekannten Weihnachtslieder singen, dazu dirigieren und auf einem uralten Klavier spielen. Es war, inmitten der kargen Baracke, eine bewegende Feststimmung mit vor tiefer Freude glänzenden Augen, als wir alle miteinander sangen: „Christ, der Retter ist da.“
Für eine bestimmte Zeit war das Heimweh, das Gefühl der Heimatlosigkeit vergessen. Als dann Wünsche nach weiteren Liedern laut wurden, zum Teil für mich unbekannte Texte, sangen wir einfach fröhlich drauflos. Bei einem mir nicht bekannten Weihnachtslied sagten die Flüchtlinge, sie würden das nach der Melodie „Ich bete an die Macht der Liebe“ singen. Ich stimmte dieses Lied an, alle sangen wirklich erhebend und inbrünstig mit, und es machte auch gar nichts aus, dass plötzlich die Melodie zu Ende war, aber noch lange nicht der Text des Verses. Sie schauten sich zwar untereinander fragend, auch etwas betreten an, aber der Stimmung konnte das in keiner Weise abträglich sein.
Es war so eindeutig: Durch das Kommen von Jesus in diese arme Welt ist alles anders geworden. Christus stand als das größte Geschenk Gottes an die Menschheit im Mittelpunkt. Und weil wir eigentlich keine

anderen Geschenke zu verteilen hatten, war der Blick auf das Eigentliche nicht verhindert. Dass dies in einer Baracke geschah, hat damals niemanden gestört.
Vor kurzem bekam ich einen Brief von einem der damaligen Teilnehmer, wenig später noch einen Telefonanruf. Das war der erste Kontakt nach 59 Jahren und der Anrufer war immer noch voll Dankbarkeit.
Ich empfand dieses ganze Geschehen als eine Lehrstunde Gottes, meine Prioritäten und Wünsche nach seinem Rettungsplan auszurichten. Bei Gott stimmen Wort und Tat zusammen. So muss es auch bei mir sein, dass mein Tun mit seinem Wort, und sei es auch bei verhältnismäßig „kleinen Dingen", übereinstimmt.
Die Bibel sagt uns dazu: „Seid aber Täter des Worts und nicht Hörer allein" (Jakobus 1,22).
Und Jesus spricht: „Alles nun, was ihr wollt, dass euch die Leute tun sollen, das tut ihr ihnen auch" (Matthäus 7,12).
Und wenn wir es getan haben, sagt Jesus: „ ... so sprecht, wir sind unnütze Knechte, wir haben getan, was wir zu tun schuldig waren" (Lukas 17,10).

# 11. Sie singen die gleichen Lieder

Das Sprichwort sagt: „Wo man singt, da lass dich ruhig nieder, böse Menschen haben keine Lieder." Meine Lebenserfahrung sagt mir jedoch: Das stimmt so nicht. Böse Menschen haben durchaus Lieder zu singen, manchmal sogar sehr eingängige Melodien, oft verbunden mit hässlichen Texten. Man müsste eigentlich von den frommen Leuten annehmen, dass sie viel singen, weil sie so viel Grund zum Jubeln haben und von daher auch dieselben Lieder singen und inhaltlich eins sind. Das ist aber nicht so, wie folgendes Erlebnis zeigt. Sie singen zwar dieselben Lieder, aber ...

Bei einer Geschäftsreise in eine französisch sprechende Großstadt wollte ich dort an einem Gottesdienst teilnehmen. Während ich eine Straße entlangging, hörte ich unerwartet Gemeindegesang aus einem großen Hinterhof und versuchte dem nachzugehen, zumal es sehr bekannte Lieder waren, Heilslieder aus dem 19. Jahrhundert. Das waren für mich „Heimatgefühle", sodass ich raschen Schrittes in den geräumigen Saal trat, interessiert Gemeinschaft zu erleben, mit einzustimmen zu können in das Gotteslob, um dann, o Schreck, trotz meiner miserablen Französischkenntnisse, doch schon nach wenigen Minuten feststellen zu müssen, dass ich im „Königreichssaal" der Zeugen Jehovas gelandet war. Es folgte mein blitzartiger Rückzug. Sie singen zwar die selben Lieder ...

Anfangs der 50er Jahre kam ein bis dahin unbekannter Kunde in die Verkaufsräume des Verlags. Sein vor dem Haus geparkter vornehmer Mercedes, damals noch eine besondere Attraktion, flößte mir unwillkürlich Respekt ein.

Ein Liederbuch mit christlichen Liedern wollten er und seine Begleitung gerne haben. Nun, die Auswahl an solchen Büchern in den Nachkriegsjahren war minimal. So empfahl ich ihm das damalige Standardbuch mit weiter Verbreitung: das „Reichsliederbuch mit Noten".

Auf besonderen Wunsch sollte ich einige der Lieder vorspielen, damit der Kunde den Inhalt des Buches schnell kennen und beurteilen konnte. Das wurde auch so akzeptiert und der Herr kannte schon manche der Lieder aus seiner Gemeinde. Er entschloss sich, das Buch zu kaufen und stellte noch einige allgemeine Fragen.

Auch ich fragte nach seiner Gemeinde und er nannte mir einen Doppelnamen, den ich vorher noch nie gehört hatte. Natürlich interessierte ich mich für etwaige Sonderlehren dieser Gruppierung, ja, und dann wurde die Sache wirklich spannend. „Wir beten im Gottesdienst nie laut“, berichtete er und erklärte dann mit seinen Fingerbewegungen: „Jesus hat doch gesagt, wenn du betest, so gehe in dein Kämmerlein ...“ (er streckte den Zeigefinger in seinen geöffneten Mund) „... und schließ die Tür zu“ (er presste mit seinen Fingern seine Lippen fest zusammen). Das war eine eigenartige Bibelauslegung. Im Verlauf des weiteren Gespräches kamen noch „kräftige Irrtümer“ auf (vgl. 2. Thessalonicher 2,11). Er erklärte mir unter anderem, dass Jesus bereits wiedergekommen sei. Als er mein ungläubiges Staunen bemerkte, schob er nach, dies sei in Wehrda geschehen, und meinte: „Bitte denken Sie doch genau darüber nach: Wer da?“

Schon während des ganzen Besuches fiel mir ein besonderes, devotes, ehrerbietendes Verhalten meines Kunden gegenüber seiner Begleiterin auf. Eine tiefe Ehrfurcht angesichts der begleitenden Dame war nicht zu übersehen. Bald wurde auch dieses Rätsel gelöst, indem er mir mit Überzeugung und innerer Verbeugung vor der Dame erklärte: „Wissen Sie, das ist die Tochter des wiedergekommenen Jesus!“

Sie singen die selben Lieder ...

Schon Johann Wolfgang von Goethe formulierte ironisch: „Im Auslegen seid frisch und munter! Legt ihr's nicht aus, so legt was unter.“

Die Bibel spricht über Irrtümer viel klarer, drastischer und mahnt die ganze Schrift und nur die Schrift ganz ernst zu nehmen.

Die Lehre muss mit der Schrift übereinstimmen (2. Timotheus 3,16).

Die Lehre muss mit dem Leben übereinstimmen (1. Timotheus 6,3).

Und der Apostel mahnt mit drastischen Worten weiter: „In den letzten Zeiten werden etliche anhangen den Lehren der Teufel“ (vgl. 1. Timotheus 4,1).

„Wenn ein Engel vom Himmel euch das Evangelium anders verkündigen würde als wir, der sei verflucht“ (Galater 1,8).

# 12. Endzeit

Es gibt eine weit verbreitete fromme Neugierde, die über das Ende aller Dinge unbedingt mehr wissen möchte, Genaueres erkunden und den Vorhang zur zukünftigen Welt Gottes weiter öffnen will, als es der Herr der Weltgeschichte uns in seinem Wort gestattet. Es hat sich ein eschatologischer Wissens- und Denksport entwickelt, obwohl der kluge Paulus an seine vermeintlich wissensmächtigen Korinther schrieb: „Unser Wissen ist Stückwerk" (1. Korinther 13,9). Er wollte ihnen, die in puncto Wissen nicht gerade zurückhaltend waren, deutlich machen, dass das, was sie irrtümlich Wissen nannten, eigentlich nur dieser kleine Teil der Unwissenheit war, den sie sortiert hatten. Deshalb fragte er sie wiederholt: „Wisset ihr nicht?"

Es gibt heute viele selbst ernannte „Endzeitspezialisten", die den Fahrplan, wie und wann Gottes „Endzüge" fahren müssen, in- und auswendig kennen und diesen dann bis zum Letzten verteidigen. Sie spalten lieber eine Gemeinde, wenn sie sich am Datum der Entrückung oder des Weltuntergangs unterscheiden, als ihre eigenen Sondererkenntnisse zu überprüfen.

Wie viele Männer im Reich Gottes hatten schon den falschen Fahrplan, auch wenn sie in brennender Hoffnung die Wiederkunft von Jesus fast nicht mehr erwarten konnten. Wie viele falsche Zeitangaben wurden am „Endzeitbahnhof" bereits gemacht. „Ich werde nicht sterben, ehe Jesus wiederkommt" oder „Das wird Gottes Ehre nicht zulassen, dass ein menschlicher Fuß den Mond betritt."

Ich sehe heute noch die Augen eines frommen Computerfachmannes vor mir, als er mir einen umfangreichen Computerausdruck überreichte. Denn er hatte die Zahlen und Daten der Bibel durch seinen damals sehr großen Rechner laufen lassen, um dann die genaue Wiederkunft von Jesus, exakt berechnet, in einem Buch publizieren zu können. Ich erinnerte ihn damals nur an Apostelgeschichte 1,7. In diesem Vers sagt Jesus: „Die Zeit dafür bestimmt allein der Vater, es steht euch nicht zu, sie zu kennen." Seine traurigen Augen signalisierten mir: „Schade, dass die Unwissenheit Ihr ganz freiwilliges Unglück ist."

Ich denke auch an viele, die beim Übergang ins neue Jahrtausend die Nacht in einer gesteigerten Erwartungshaltung durchwachten. Eigentlich bin ich dankbar für ein Schlüsselerlebnis, das mein Leben nachhaltig geprägt hat. Ich war damals erst etwa 15 Jahre alt. Der Zweite Weltkrieg und überhaupt die Herrschaft Hitlers hat viele Bibelleser umgetrieben. Sie wurden im positiven Sinne aufgeschreckt, die Bibel um Rat zu fragen, was diese gewaltigen weltpolitischen Umwälzungen eigentlich zu bedeuten hätten.

Schon 1929 erschien ein Büchlein mit Vorträgen eines Predigers, die er innerhalb der Evangelischen Allianz in Erfurt gehalten hatte. Der Titel lautete: „Der weiße Herzog. Der kommende Diktator Europas oder was wird aus Deutschland?" Der Referent und Autor war Friedrich Hoffmann.

Überaus erstaunlich war, wie Hoffmann den Aufstieg Hitlers voraussah, ja, seine Auswirkungen auf ganz Europa im Voraus erkannte. Wenn ich es knapp formulieren darf: Er interpretierte Hitler als den weißen Reiter aus Offenbarung Kapitel 5, den Siegertypus. „So läuft die Welt ins Verderben mit diesem weißen Sieger, trotz schöner Reden", schrieb er 1929. Aber erst einige Jahre später erzeugte dieses Büchlein nicht geringe Aufregung. Diese Publikation wurde verboten und ich entsinne mich noch genau, wie die Polizei in unseren kleinen Buchladen kam, um diese Veröffentlichung zu beschlagnahmen. Da wir kein Exemplar davon vorrätig hatten, zog die Polizei unverrichteter Dinge wieder ab. Der Autor wurde überwacht, hatte teilweise Redeverbot und bestimmt keine ruhigen Zeiten mehr. Aber man lud ihn, mehr privat, in kleine Gemeindekreise ein.

Eines Tages war er bei meinen Eltern eingeladen, wo er nicht in der Versammlung reden konnte, sondern in einer Stubenzusammenkunft. Es war zu der Zeit, als die deutsche Armee den Elbrus eroberte und durch den Kaukasus nach Süden vordrang und Feldmarschall Erwin Rommel mit seinem Afrikakorps vor Alexandria in Ägypten stand.

In seinem Vortrag, den ich mit heißen Ohren mithören konnte, führte Hoffmann aus, dass sich in Jerusalem diese Armeen treffen könnten, und der „weiße Reiter", Hitler, sich dort als Herrscher festsetzen würde. Dieser Gedanke war damals gar nicht so unglaubwürdig und durchaus eine interessante Sicht. Manche Zuhörer wurden überzeugt, auch von den damals aktuellen Fakten. Nur, Gottes „Fahrplan" war ein anderer. Wenige Monate später änderte sich die militärische Lage vollkommen und Hitler stellte sich eben nicht als der „weiße Reiter" heraus. Das Denkmodell war zwar interessant und in gewisser Weise fast zwingend, aber von der biblischen Aussage her eben falsch.

Für mich war dieses Erleben sehr heilsam. Wahrscheinlich bin ich deshalb bis heute in der Festlegung und Beantwortung eschatologischer Fragen sehr zurückhaltend. Aber mir fällt natürlich bei einem Gang durch viele Gemeinden auf, dass die Erwartungshaltung, ihm zu begegnen, geringer wird, je näher wir der Wiederkunft von Jesus kommen.

Gott ist der souveräne, allmächtige und allweise Gott, der uns nur durch den schmalen Türspalt des prophetischen Wortes in seine großartige Planung der Geschichtsabläufe seiner „höheren" Gedanken blicken lässt. Das erhält mich in der Demut und Abhängigkeit und lässt mich nicht zum „Besserwisser" werden.

Die beste Auslegung der Prophetie und Voraussage der Bibel ist ihre Erfüllung. Manches davon spielt sich vor unseren Augen ab.

Der Termin des Weltendes und der damit zusammenhängenden Geschichtsabläufe ist und bleibt Gottes Geheimnis. Wir haben das prophetische Wort. Darauf sollen wir als Licht achten, das da scheint an einem dunklen Ort. Es ist ein Scheinwerfer der Hoffnung, aber kein Bundesbahnfahrplan, der mir sagt: Abfahrt 8:22 Uhr, Gleis 7.

Jesus teilt es jedem deutlich mit – und welch eine demütig, liebevolle Haltung dem himmlischen Vater gegenüber ist das: „Von dem Tag aber und der Stunde weiß niemand ..., sondern allein mein Vater" (Matthäus 24,36).

Schon der Prophet Sacharja sagt dazu: „Es wird ein Tag sein, der dem Herrn bekannt ist" (Sacharja 14,7).

# 13. Gebet

Man hat ja durchaus seine Erfahrungen mit dem Tischgebet in der Öffentlichkeit. Ich meine damit das Falten der Hände und den schweigenden Dank dem Geber aller guten Gabe gegenüber. Schon an anderer Stelle habe ich darüber ausführlicher berichtet.
Es gab immer wieder fröhliche Begegnungen, auch im Flugzeug, die durch dieses stille Erkennungssignal zustandekamen. „Ich habe mir gedacht, dass Sie ein Nachfolger von Jesus Christus sind, als ich Sie so beten sah. Wie schön, dass wir uns hier im Flugzeug getroffen haben!", sagte ein amerikanischer Flugbegleiter der Delta Airlines zu mir. Ich kann aber auch noch von anderen Begegnungen berichten. Durch besondere Umstände gerieten meine Frau und ich in der Zeit des Kalten Krieges während der Leipziger Herbstmesse in eine HO-Gaststätte. So ein strammer Messetag brachte schlicht einen kräftigen Hunger mit sich und den sollten wir im „Volkseigenen Betrieb" stillen. Zu spät bemerkten wir, dass der überfüllte Raum eher einer „Ansammlung schöner Männer mit Parteiabzeichen" als einem Speiserestaurant glich. Wir ließen uns aber von diesem roten Glanz nicht abhalten, unser stilles Tischgebet zu sprechen. Aber ich muss leider gestehen, dass meine Gedanken viel mehr mit der Frage beschäftigt waren, was wohl in den Köpfen dieser SED-Leute vorging, als mit dem Dank unserem Schöpfer und Erhalter gegenüber. Es gab aber keine besondere Reaktion der Anwesenden.
Kaum hatten wir unsere „Einheitsmahlzeit" zu uns genommen, verließen wir dieses, für uns ungewohnte Milieu. Wir hatten gerade die Ausgangstür geschlossen, als uns ein Mann ohne Parteiabzeichen folgte und sagte: „Sie sind wohl auch Christ? Ich auch." Das war der Beginn einer jahrelangen Freundschaft.
Beten in der Öffentlichkeit?
Einmal war ich auf einer Karlsruher Straße mit dem damaligen Direktor des Bundesverfassungsgerichts unterwegs. Der uns begleitende Gast war ein Richter des „Supreme Court", des höchsten amerikanischen Gerichts. Wir waren ins anregende Gespräch vertieft, als der Direktor erwähnte, dass seine Frau uns leider nicht einladen könnte, da sie gerade ernsthaft erkrankt sei. Unser amerikanischer Richter stoppte uns mitten auf der Straße, legte in typisch amerikanischer Weise seine Arme um

unsere Schultern und betete, als ob es das Selbstverständlichste der Welt sei, für die Genesung der Ehefrau des Direktors. Und das mitten im Stadtgewühl von Karlsruhe! Mir blieb damals fast die Luft weg.
Heute frage ich mich natürlich, warum das etwas Besonderes sein soll, was eigentlich normal sein müsste: sich zu dem zu bekennen, der Herr meines Lebens ist. Das geschieht ja beim Gottesdienst in der Gemeinde als ein Bekenntnis vor vielen Zeugen (1. Timotheus 6,12). Es geschieht erst recht beim himmlischen Gottesdienst, wo alle Zeugen bekennen, dass Jesus Christus der Herr ist (Philipper 2,11).
Warum also trennen zwischen Gemeinde und Alltag? Er ist immer der Herr, mein Herr. Warum bin ich so schüchtern, ihn auch öffentlich zu bekennen? Es gibt bestimmt manches in meinem Leben, weswegen ich lieber im Boden versinken könnte. Meines Herrn brauche ich mich jedoch nie zu schämen.
Wäre ich doch so unbekümmert und einfältig wie ein Kind, das wirklich jedem, ob er es hören will oder nicht, erzählt, was es für einen großartigen Vater hat. Der Dichter Angelus Silesius drückte das so aus: „Mensch, wirst du nicht ein Kind, so gehst du nimmer ein, wo Gottes Kinder sind, die Tür ist gar zu klein."
Paulus lobte seinen jungen Freund Timotheus, weil er vor vielen Zeugen ein gutes Bekenntnis ablegte (1. Timotheus 6,12).
Und Petrus mahnt: „Und wenn man euch nach eurer Hoffnung fragt, dann seid immer bereit, darüber Auskunft zu geben" (1. Petrus 3,15).

# 14. Barmherzigkeit leben

Sind Sie auch schon acht Monate im Krankenhaus gelegen? Dann werden Sie diese Geschichte besser verstehen können.
Als Folge des Krieges hatte ich eine schwere Lungentuberkulose, verbunden mit häufigen Blutungen. Auf jeden Fall war ich ein schwerer Krankheitsfall und bereits von den Ärzten aufgegeben. „Für den gebe ich keine fünf Pfennige mehr", sagte der gute, ehrliche Chefarzt des Krankenhauses zu meinen Eltern. Nicht gerade eine Trost spendende Aussage. Eine Zeit lang verlegte man mich ins Totenzimmer – auch keine besondere Ermutigung. Eine dringend erforderliche Operation war aufgrund meiner sehr schlechten körperlichen Verfassung nicht mehr möglich. Die Krankheit wurde fast zum Höflichkeitsbesuch des Todes und auf jeden Fall Schlüssel, um bestimmte Türen zu öffnen und Appell der Wahrheit an mich. Als Gesunder hat man viele Wünsche, als Kranker nur einen.
Durch das Eingreifen Gottes setzte jedoch nach vielen Wochen ein unerwarteter Genesungsprozess ein. Nach dem Krankenhausaufenthalt musste ich noch lange ambulant in der Klinik behandelt werden. Noch einige Jahre später meinte der damalige Chefarzt: „Dass du noch am Leben bist, ist wirklich ein Wunder." Wir verstanden uns eigentlich ganz gut, auch wenn er immer wieder versuchte, mich zu necken. Wenn er meine Bibel auf dem Nachttisch sah, grüßte er mich bei der Visite mit: „Guten Morgen, Herr Pfarrer!", und ich konterte mit: „Guten Morgen, Herr Metzgermeister!"
Nun sind acht Monate eine lange Zeit, um einfach nur im Krankenbett zu liegen, man kann auch nicht nur lesen. Die Langeweile zieht ein – ein Stück Wertminderung des Lebens. Und doch ist es gut, wenn jemand seine Langeweile rechtzeitig erkennt.
Im Zimmer lagen noch zwei weitere Patienten, beide Lehrer von Beruf – allerdings mit sehr unterschiedlichen Auffassungen. Der eine war sehr religiös geprägt. Das zeigte sich auch an der Literatur, die er mir schenkte. Der andere bekannte sich als Freidenker, vielleicht auch durch Krieg und Vertreibung innerlich heimatlos geworden und immer spitz und aggressiv in seinen Äußerungen. Jean Paul Sartre hätte wohl von ihm gesagt, er habe „Heimweh nach der Zukunft".
Er konnte sich manchmal über Dinge aufregen, die nun einmal nicht

zu ändern waren, und ein Rezept für Gelassenheit kannte er nicht. Sein spezielles Thema war der unglaubwürdige Lebensstil einiger Pfarrer. Da konnte er sich nicht mehr bremsen.
Als ich wieder stundenweise aufstehen konnte, war es mir ein Anliegen, auch Zeuge für Jesus Christus zu sein, zumal so mancher Mitpatient die Klinik nicht mehr lebend verlassen würde. Unerfahren wie ich war, gründete ich einen Gesprächskreis über Glaubensfragen, der fast ausschließlich von Akademikern besucht wurde. Ich hatte absolut nicht damit gerechnet, dass mein besagter Zimmergenosse auch daran teilnehmen würde. Der Gesprächskreis entwickelte sich – dank seiner unerwarteten Mitwirkung – dann zu einem Diskussionsforum, wobei die Auseinandersetzung nicht ein Sieb der Wahrheit wurde, sondern eher eine Methode, andere in ihren Irrtümern zu bestärken. Die Aggression meines Zimmergenossen war wohl seine Art, sich selbst zu behaupten und von anderen abzugrenzen – ein typischer Fall von Selbstverwirklichung, der mich zusehends ärgerte. Ich ärgerte mich auch über meine Unfähigkeit, mein Missbehagen in geeignete Aktionen umzusetzen. Es staute sich also mit der Zeit etwas in meiner Gefühlswelt an.
Als wir wieder einmal beieinander waren zum Gespräch und mein Zimmerkollege dabei war, alle Äußerungen über Glauben und Leben „kaputtzureden", reifte in mir ein Entschluss: Ich wollte ihn endlich einmal stoppen können. Es entwickelte sich ein Gespräch mit diesem Mann, der nicht nur von mir als äußerst eingebildet eingestuft wurde: „Herr X., ich habe irgendwie den Eindruck, dass ich schon früher von Ihnen gehört habe!" Seine Körpersprache zeigte mir, dass ihm diese Aussage sehr geschmeichelt haben muss. Ich fuhr dann fort: „Könnte es sein, dass ich von Ihnen schon etwas gelesen habe?" Auch darauf hin positive Signale meines Gegenübers. Ich fuhr dann fort: „Wenn mich mein Gedächtnis nicht täuscht, weiß ich jetzt, was ich von Ihnen schon gelesen habe." Mein Gesprächspartner und alle in der Gesprächsrunde waren sichtlich gespannt auf die Antwort, die ich dann in pointierter Sprache formulierte: „Von Ihnen habe ich schon in der Bibel gelesen, in der steht: ‚Die Toren sprechen in ihrem Herzen, es ist kein Gott.'"
Allgemeine Erheiterung in unserem Kreis war angesagt, Schmunzeln, nur meinem Gegenüber waren sämtliche Gesichtszüge entgleist. Ich hatte zwar einen Lacherfolg im Kreis erzielt, aber – meinen Zimmer-

kollegen für immer verloren. Ich hatte total vergessen, nicht zuletzt auch durch meine Emotionen, dass ich als Nachfolger von Jesus ein Mensch der Barmherzigkeit sein soll, weil ich selbst Barmherzigkeit gefunden habe, besser ausgedrückt, die Barmherzigkeit Gottes mich gefunden hat. Denn die Welt lebt doch von der Barmherzigkeit und geht an der Unbarmherzigkeit zugrunde.

Es tat mir Leid, dass mein Gesprächspartner von diesem Zeitpunkt an seine Jalousien mir gegenüber nicht mehr aufmachte. Barmherzigkeit ist doch eine Gesinnung, die das Elend nicht sehen kann, ohne sich zum Helfen angetrieben zu fühlen.

Jesus sagt uns: „Seid barmherzig, wie auch euer Vater barmherzig ist" (Lukas 6,36).

Und an anderer Stelle: „Selig sind die Barmherzigen; denn sie werden Barmherzigkeit erlangen" (Matthäus 5,7).

Jakobus mahnt mit deutlichen Worten: „Es wird ein unbarmherziges Gericht über den ergehen, der nicht Barmherzigkeit getan hat" (Jakobus 2,13).

# 15. Wirkungen des Wortes

Klein, ganz klein, hat das Jugendtreffen des Württembergischen Brüderbundes begonnen. Zunächst war es als „Pfingstfreizeit“ bekannt und wurde mit der wachsenden Teilnehmerzahl dann „Pfingsttreffen“ und bald „Dynamis“ genannt. Dieses Treffen entsprach einem Bedürfnis der teilnehmenden Jugendlichen, die größtenteils aus kleinen, ja kleinsten Jugendkreisen stammten. Junge Menschen wagten den Schritt zu einem Leben mit Jesus Christus, machten die Erfahrung, dass Gott Schuld vergibt und neues Leben schenkt. Wir waren damals so etwas wie „Radikale“, die, selbst herausgeholt aus einem Leben ohne Gott, auch anderen den Weg zum Frieden mit Gott und einem sinnvollen Leben zeigen wollten.

Das erste Zusammensein fand 1951 statt, eine einfache, aber tolle Sache. Wer kein Fahrrad hatte, war schlecht dran, Autos gab es für uns so gut wie nicht. Ein besonderes „Markenzeichen“ des Treffens war: Es wurde viel gesungen, nicht nur einstimmig, sondern vierstimmig. Man saß stimmenweise beieinander und jedes Mal wurden eine Reihe neuer Lieder eingeübt, die sich dadurch viel besser einprägten. Tenöre waren meistens rar, sie durften dafür lauter singen. Es klang nicht immer schön, aber immer begeisternd. Einmal hatte ich den Bässen attestiert, dass sie biblisch singen, wie es in Jesaja 59,11 zu lesen ist: „Wir brummen alle wie die Bären ...“ An meinem Gesicht konnte man manchmal ablesen, ob ich mit der Qualität des Singens zufrieden war oder eben nicht. Einer sprach mich vor dem Chor an: „Was machst du denn für ein Gesicht?“ Darauf konterte ich sofort: „Wenn ich Gesichter machen könnte, hättest du schon längst ein anderes“, was natürlich herzhaftes Gelächter erzeugte.

Einige der prominenten Gastredner dieses ständig wachsenden Treffens meinten: So intensiv, so fröhlich und einigermaßen gut würde sonst bei keinem anderen Jugendtreffen gesungen.

Aber es wurde nicht nur gesungen. Wir gaben uns auch viel Mühe, kurze, prägnante Bibelworte im Sprechchor exakt einzuüben. Beeindruckend war es, wenn dann viele Hunderte junger Menschen durch eine Stadt zogen, nicht zu einer Demo, sondern um das Evangelium weiterzusingen und zu sagen. Ich erinnere mich noch an zwei alttestamentliche Worte, die wir neben anderen in die Städte hineinriefen:

„Suchet den Herrn, solange er zu finden ist, ruft ihn an, solange er nahe ist“ (Jesaja 55,6). Oder: „O Land, Land, Land, höre des Herrn Wort“ (Jeremia 22,29). Dazu verteilten wir noch schriftlich die biblische Botschaft unter allen Zuhörern und Zuschauern, sozusagen eine Mission ohne Grenzen.

Zahlreiche Jugendliche begannen ein verbindliches Leben mit Christus. Für viele war die Teilnahme am Treffen das Gemeinschaftserlebnis des Jahres. Was uns als Verantwortlichen und Organisatoren besonders wichtig war: Neben gründlichen Bibelarbeiten und viel Gesang sollte jeder Teilnehmer auch die Möglichkeit einer persönlichen Entscheidung haben. Das Seelsorgeangebot wurde oft bis in die Nacht hinein in Anspruch genommen. Wir versuchten auch, zum missionarischen Denken zu motivieren, um anderen von Jesus zu erzählen, und auch zum missionarischen oder diakonischen Dienst zu rufen.

Bei einem dieser Pfingstjugendtreffen ereignete sich Folgendes: Aus irgendeinem Grund sollte ich etwas beitragen und nicht nur, wie üblich, als Moderator auftreten. Ich weiß nicht mehr, zu welchem Thema ich damals sprach, aber das, was anschließend geschah, hat mich stärker bewegt als mein Beitrag.

Ich stand in der großen Stadthalle noch am Rednerpult, die Veranstaltung war gerade zu einer Pause unterbrochen worden, als ein kräftiger junger Mann auf mich zutrat und mir mit ungestümen Worten etwas aufgeregt entgegenwarf: „Was du gesagt hast, kann ich einfach nicht glauben.“ Das war unerwartet und er hatte mich etwas überrascht.

Ich bin eigentlich eher ein zurückhaltender Mensch und nicht darauf aus, einen Menschen mit einer Evangeliumskeule zu erschlagen. Manchmal kam mir schon der Gedanke, ob ich nicht zu viel Vorsicht walten lasse, wenn ich Menschen anspreche.

Diesmal jedoch schoss es bei mir wie aus der Pistole: „Wenn du das nicht glauben kannst oder willst, dann steht Schuld zwischen dir und Gott.“ Wie gesagt, ich wunderte mich selbst über meine Reaktion.

Der junge Mann lief ohne weitere Äußerungen wieder weg. Etwa fünf Minuten später kam er zu meinem Pult zurück und fragte dann, immer noch aufgebracht: „Kann ich mit dir reden?“ Ich musste ihm sagen: „Jetzt gerade nicht, aber in 20 Minuten, ich muss hier diese Aufgabe zu Ende führen.“

20 Minuten später erschien er erneut und gab mir zu verstehen, ich solle mich mit ihm in die äußerste Ecke der Stadthalle begeben, dort

wolle er mit mir reden. Wir bewegten uns dorthin und dann kam seine Beichte, wie ich sie nicht erwartet hatte: „Du hast Recht“, sagte er, „es steht Schuld zwischen Gott und mir.“ Nach kurzem Zögern fuhr er fort: „Ich bin schuld am Tod meines Großvaters, ich habe ihn die Kellertreppe hinuntergestoßen. An den Folgen des Sturzes ist er gestorben.“ Es folgte ein sehr ernstes seelsorgerliches Gespräch, das hier nicht ausgebreitet werden soll.

Erstaunlich, wie Gott wirken kann. Und ich bin absolut sicher, dass es immer Gottes Wirken ist, wenn Schuld bekannt und vergeben wird, auch wenn Gott Menschen als seine Botschafter einsetzt. Der Prophet Jesaja hat das klassisch ausgedrückt: „Aber uns, Herr, wirst du Frieden schaffen; denn alles, was wir ausrichten, das hast du uns gegeben“ (Jesaja 26,12).

„Sünde ist die Kunst des Lebens ohne Gott“, sagte Paul Schütz. Sie sei ein Machtbereich der Auflehnung wider Gott und die Vergebung stelle die Verbindung mit ihm wieder her.

David sagte: „Deine Hand lag schwer auf mir, deshalb bekannte ich dir meine Sünde“ (Psalm 32,4-5).

Und Johannes schreibt: „So wir unsere Sünden bekennen, ist er treu und gerecht, dass er uns die Sünde vergibt“ (1. Johannes 1,9).

# 16. Verborgenes

Während des Zweiten Weltkriegs war ich längere Zeit bei einer Luftabwehreinheit stationiert. Weil ich in Physik ausnahmsweise einmal eine Zwei hatte, wurde ich zum Radargerät abkommandiert, eine zugegebenermaßen nicht uninteressante Aufgabe. So einfach ging das damals in der Deutschen Wehrmacht, besser gesagt, der Luftwaffe, zu. Die vielen Luftangriffe und Alarmsituationen beherrschten bei Tage und Nacht unseren Stundenplan. Es ließ mich nicht unberührt, wenn wir – selbst bei Nacht und Nebel – die Bomberverbände in unseren Geräten anfliegen sahen, manchmal bereits ehe Fliegeralarm gegeben wurde.
Wir lebten während dieser Zeit in Baracken, die im Sommer erstaunlich heiß, im Winter recht kalt waren. Trotz der schlechten Kriegslage wurde außerordentlich viel Wert auf Sauberkeit in den Räumen und Ordnung im Spind gelegt. Deshalb gab es laufende Kontrollen. Wehe, wenn im Schrank die Wäsche nicht ganz akkurat aufgeschichtet und der Staub nicht peinlich genau abgewischt war. Es konnte passieren, dass dann Wäsche und Staub vom Kontrollierenden miteinander vermischt wurden und die Ecken mit der Zahnbürste ausgekehrt werden mussten.
Es ist doch bestimmt einleuchtend, wenn wir deshalb Gegenmaßnahmen ergriffen, zumal die freie Zeit zum Putzen und Flicken enorm knapp bemessen war. Zum Glück war in unserer Unterkunft, in der wir zu viert wohnten, in einer Stubenecke ein Mauseloch. Dieses Mauseloch war natürlich ein durch nichts zu ersetzendes Geschenk. Bei der Besenreinigung konnte man sich Kehrwisch (Handbesen) und Schaufel ersparen: Man beförderte allen anfallenden Schmutz durch dieses Loch eine Etage tiefer auf den Erdboden. Was sparten wir dadurch Zeit und es fiel niemanden auf, obwohl unsere Stube dadurch immer relativ ordentlich aussah.
Im Winter gab es einen(!) Kohleneimer, genau nach Plan. Alles war exakt geregelt. Egal, welche Außentemperaturen, es gab immer dieselbe Kohlenmenge. Das war bei starker Kälte zu wenig, bei höheren Temperaturen zu viel. Ich wusste mir zu helfen, nachdem ich entdeckt hatte, dass eine Deckenplatte in unserer Barackenstube lose war. Dieser Raum eignete sich prächtig zum Abstellen von nicht geputzten Schuhen, ungespültem Geschirr und natürlich auch als Kohlenvorratsraum. Man

musste diese Dinge nur hochheben und einlagern. Der Dachboden der Baracke war so groß, dass man die Gebrauchsgegenstände einer ganzen Kompanie dort hätte unterbringen können. Von da an war unsere Stube fast immer mustergültig aufgeräumt, auch bei kurzfristig anberaumten Kontrollen. Wir hatten alles ja „unter Dach und Fach", mehr unterm Dach als im Fach. Und wir waren ja auch so sicher, besonders ich, dass niemand jemals unser Versteck entdecken würde. Das war leider ein gewaltiger Irrtum. Nach einer Regenperiode tropfte an irgendeiner Stelle das Wasser in eine oder mehrere der Stuben. Daraufhin suchte der Stabsfeldwebel und sein Assistent nach dem „Leck" im Dach. In gebückter Haltung gingen sie, fast kriechend, die ganze Baracke entlang und entdeckten mein Vorratslager. Als ich von einer Dienstaufgabe in die Stube zurückkehrte, lag das gesamte „Warenlager", Kohle, ungespültes Geschirr, nicht geputzte Schuhe und Ähnliches, komplett in meinem Bett. Eine schöne Bescherung und zusätzlich noch eine Menge Ärger mit den Vorgesetzten! Wie sagt man doch: „Ärger ist die Unfähigkeit, Wut in Aktion zu verwandeln."

Habe ich etwas aus der Geschichte gelernt, die natürlich das sofortige Ende unserer „Vorratswirtschaft" bedeutete? Ich denke, ja. Es wurde mir bewusst, dass man nichts unter den Teppich kehren kann, wenngleich manche Menschen selbst wie Teppiche sind. Wenn man etwas von ihnen aufrollt, sehen sie plötzlich sehr betreten aus. Von mir wurde auch etwas aufgerollt, irgendwann kam es dann doch an die Öffentlichkeit.

Auch vor Gott kann man nichts unter den Teppich kehren, es wird alles aufgedeckt, auch wenn das Versteck vermeintlich lange geheim gehalten werden kann. Jesus sagt uns: „Es ist nichts verborgen, das nicht offenbar werde" (Matthäus 10,26).

Der Blick ins Verborgene ist nur Gott möglich und dem, welchem er die Augen öffnet.

Paulus schreibt: „Denn wir alle müssen einmal vor dem Richterstuhl des Christus erscheinen, wo alles ans Licht kommen wird" (2. Korinther 5,10).

# 17. Ungehorsam

Man könnte in Anlehnung an die Sprüche der Bibel formulieren: „Gehorsam ist der Anfang aller Weisheit“ (Sprüche 1,7). Ich denke nicht an Weisheit als Schnee des Alters, sondern an Weisheit als das Streben nach den besten Zielen, und wundere mich nur darüber, warum ich – in diesem Sinne – angenehm dumm bleiben wollte.
Als sechstes und jüngstes Kind meiner Eltern hatte ich durchaus Vorteile bei der Erziehung, zumal ich ein Wunschkind war. Vielleicht ließen die nicht mehr jungen Eltern bei mir etwas mehr Nachsicht walten als bei den älteren Geschwistern.
Dies galt aber keineswegs für die Frage des Gehorsams, da war eher Härte angesagt, etwa nach der Methode: „Wer befehlen will, muss zuerst Gehorsam gelernt haben.“ Mein Vater kannte keine Nachgiebigkeit. Ich hätte das eigentlich wissen müssen, aber die Versuche, meine vorgegebenen Grenzen bis zum Letzten auszutesten, wollte ich nicht aufgeben ...
In den 30er Jahren wurde in meinem Heimatdorf eine Gemeindehalle als Mehrzweckhalle gebaut, geeignet für größere festliche Veranstaltungen und als Sporthalle mit angrenzendem Sportplatz sowie gleichzeitig angebautem Schulgebäude. Unser Dorf wurde dadurch sehr aufgewertet. Nun rückte der große Einweihungstag heran und für uns Schüler und für die Erwachsenen wurden am Abend Schillers „Die Räuber“ aufgeführt. Das war natürlich selten interessant. Mein Vater befahl: „Du bist aber spätestens um 21 Uhr zu Hause!“ Das hatte ich zwar gehört und teilweise auch verinnerlicht, aber als dann das Theaterstück aufgeführt wurde, für mich damals sowieso eine neue, unbekannte Welt, war für mich die Zeit eine Uhr ohne Ziffern. Ich vertiefte mich ins Schauspiel, und die Stunden fingen an, mir davonzurennen.
Die Aufführung war hoch spannend und noch lange nicht zu Ende, als ich zwischen 22 und 23 Uhr endlich die Veranstaltung verließ. Ich rannte, so schnell ich konnte, obwohl es rein gar nichts nützte, denn die Haustüre war verschlossen und niemand aus der Familie war bereit, mir zu öffnen. So saß ich auf der Steintreppe am Hauseingang und hatte genügend Zeit, über die Frage des Gehorsams nachzudenken. Ich saß wohl Stunden da, als schließlich mein Vater öffnete, aber keinen weiteren Kommentar dazu gab. Sein Schweigen war viel bered-

ter als viele Worte. Mein Vater verstand anscheinend etwas von der Kunst des konstruktiven Schweigens. Ich hatte auf jeden Fall keine Möglichkeit, es zu widerlegen.
Nun war ich leider in Sachen Ungehorsam ein Wiederholungstäter, sozusagen einer, der den Gesetzen des Geistes im Wiederholungsfalle zuwiderhandelt.
Irgendwann bekam ich ein Fahrrad geschenkt, einfachste Ausführung, aber trotzdem fahrbereit. Dies erweiterte natürlich meinen Aktionsradius beträchtlich und dazu nützte ich auch jede sich bietende Gelegenheit und verschaffte mir auch solche.
Wahrscheinlich wurde meinem Vater das auf die Dauer zu viel, vielleicht vernachlässigte ich andere mir gestellte Aufgaben. Tatsache ist, dass er mir eines Tages aus irgendwelchen Gründen ein Radfahrverbot erteilte, nur für den Rest des Tages; er hatte sich erlaubt, mir etwas zu verbieten, und mir war es verboten, mir etwas zu erlauben. Ich tat es trotzdem und fuhr nur knappe 100 Meter. Ich hätte ja gut zu Fuß gehen können, um mit meinen Spielkameraden zusammen zu sein. Aber je planmäßiger ich vorging, umso wirksamer traf mich der Zufall. Ich stürzte nämlich in einer zu eng und zu schnell gefahrenen Kurve auf die Straße und konnte von da an – aufgrund meiner recht ansehnlichen Platzwunde – meinen unerlaubten Ausflug nicht mehr verheimlichen. Sie ist übrigens heute noch gut sichtbar, weil sie nicht genäht wurde. Ich trottete langsam nach Hause in der vagen Hoffnung, dass das Mitleid der Eltern größer sei als der Ärger über meinen Ungehorsam. Weit gefehlt, denn mein Vater versohlte mir zunächst kräftig die dafür geeignete Körperstelle – was mir übrigens in keiner Weise geschadet hat, im Gegenteil – und sagte dann nach getaner „Arbeit“: „Du kannst jetzt zur Mutter gehen, um dich verbinden zu lassen.“ Wenn ich dachte, nur durch das Mitleid würde die Liebe ihre Tiefe erhalten, war ich falsch orientiert. Bei meinem Vater bestand das einzige, wahre Mitleid in der Aktion, mich in die Schranken zu weisen, und ich erwartete wohl weniger mutige Barmherzigkeit als mir entgegenkommende Sentimentalität.
Das Wort „gehorchen“ meint in der Bibel das Horchen auf das Wort Gottes und Tun seines Willens. Deshalb zeigt das Wort Gottes, dass es entscheidend auf das Hören ankommt – übrigens im Unterschied zu anderen Religionen, bei denen oft das Schauen viel wichtiger ist als das Hören. Das war doch das Bekenntnis des frommen Israeliten: „Hö-

re, Israel" (5. Mose 6,4). Der Ungehorsam bestand im Nicht-hören-Wollen. „Rede du mit uns, wir wollen gehorchen", sagten die Israeliten zu Mose (2. Mose 20,19).

Jesus selbst ist das einzigartige Musterbeispiel für Gehorsam: „Er erniedrigte sich selbst und ward gehorsam bis zum Tode" (Philipper 2,8). Und der Hebräerbrief bringt es auf den Punkt: „Wiewohl er Gottes Sohn war, hat er doch an dem, was er litt, Gehorsam gelernt" (Hebräer 5,8).

Der Gehorsam von Jesus ist ein Exempel für den auch von uns geforderten Gehorsam gegenüber den göttlichen Ordnungen in Familie und Gesellschaft. „Ihr Kinder seid gehorsam euren Eltern in dem Herrn" (Epheser 6,1).

„Erinnere sie, dass sie ... der Obrigkeit gehorsam seien" (Titus 3,1).

# 18. Verantwortung

Wieder einmal, wie so oft, konnte ich am Nationalen Gebetsfrühstück in Washington teilnehmen. Die große Veranstaltung mit der politischen Prominenz des ganzen Landes und Verantwortungsträgern aus vielen Staaten der Welt ist sehr beeindruckend. Die Sicherheitsvorkehrungen sind deshalb beträchtlich und der Andrang zu dieser Veranstaltung ist sehr groß.

Und trotzdem sind die persönlichen, privaten Einladungen in den Tagen vor oder nach dem „großen Frühstück" für uns Mitteleuropäer fast noch prägender. Man wird in das Lebensumfeld von Verantwortlichen eingeführt und erlebt etwas von Glaube und Leben, Familie und Gesellschaft, in der die jeweiligen Einladenden stehen. Kurzum, die persönlichen Kontakte, die sich dort ergeben, sind sozusagen das Salz in der Suppe. Ich denke dabei an einen Ausspruch: „Warum denn immer gleich sachlich, wenn es auch persönlich geht?" Das ist nicht als Abwertung des Sachlichen gemeint, aber eine Familie von Jesus-Nachfolgern persönlich kennen zu lernen, ist eine ganz besondere Gelegenheit. Die unermüdlichen ehrenamtlichen Helfer machen sich viele Gedanken, wen sie mit wem zusammenbringen wollen, welche Interessen Gastgeber und Gast gemeinsam haben. Viel Liebe und Sorgfalt steckt hinter diesen Vorbereitungen.

So wurde ich eines Tages zum festlichen Abendessen in die Familie des früheren Innenministers der USA eingeladen, zusammen mit einem weiteren Unternehmer aus Deutschland. Sehr erstaunt war ich, als mich der bekannte Politiker persönlich mit dem Auto abholte, direkt vom Hotel aus, und mich später auch wieder selbst zurückbrachte. Das wäre in Deutschland so wohl nicht denkbar. Eitelkeit scheint eine besondere „Gabe", sich noch wichtiger zu nehmen, als man sich fühlt.

Wir hatten an diesem Abend ein sehr schönes Beisammensein, mit guten, tiefgründigen Gesprächen, einem vorzüglichen Abendessen und fröhlicher Gemeinschaft. Natürlich gehörte zum Programm auch eine Hausbesichtigung, das Arbeitszimmer des Ministers mit eingeschlossen. Auf seinem Schreibtisch stand ein kleines Holzgestell mit der Aufschrift: „An diesem Schreibtisch hört das Schiebespiel auf." Ich fragte den Hausherrn, was dieser Ausspruch zu bedeuten habe, und er erzählte mir, dass Präsident Johnson beim Ausscheiden aus seinem Amt ihm diesen Aufsteller zum Abschied geschenkt habe, damit er ihn als Minister vor Augen hätte. „An diesem Schreibtisch hört das Schiebespiel auf."

Mich machte dies sehr nachdenklich. Wenn Menschen die höchsten Positionen im Leben erreicht haben, die sie überhaupt erreichen können, finden sie niemanden mehr, dem sie Schuld, besser gesagt, die Verantwortung für eventuell falsche Entscheidungen zuschieben können. Auch Erfolg wird „bestraft" und wirft oft Neid als Schatten. Erfolg muss jeden Tag neu erfolgreich sein und macht zusätzlich sehr einsam.

Der frühere Senator Carlson besuchte einst Präsident Eisenhower im Weißen Haus in Washington. Im Gespräch erwähnte Eisenhower: „Dieses Haus ist das einsamste Haus der Weltgeschichte." Ist es nicht so, dass Erfolg eine schöne Sache ist, aber nicht, wenn er mit Einsamkeit erkauft wird?

Und doch: Wer glaubt, der läuft nicht vor der Mitverantwortung an Entscheidungen davon, noch drückt er sich vor der Mitsorge um unsere Gesellschaft, sondern lässt sich durch die Bindung seiner Existenz an Gott zu einem Leben der Verantwortung gewinnen.

Oder im Bild gesprochen: Der Lebenszug Verantwortung, in dem wir sitzen, ist nicht ein ICE mit Endstation Sehnsucht. Es gibt auch keine Freifahrscheine, keine Sonntagsermäßigungen, keine Luxusfahrt. Ich bezahle mit jeder Sekunde meines Lebens.

Wir sind aber nicht nur unserer Familie, Arbeitssituation und Gesellschaft gegenüber verantwortlich, ohne die Möglichkeit, aus diesem fahrenden Zug aussteigen zu können. Wir haben noch eine größere Verantwortung Gott gegenüber.

Hiob sagt seinen Freunden: „Ich will meine Wege vor ihm verantworten" (Hiob 13,15).

Paulus verantwortet sich vor dem Statthalter Felix als Jünger von Jesus (Apostelgeschichte 24,10) und sieht sich als Botschafter, der „das Evangelium verantwortet" (Philipper 1,7).

Er schreibt den Korinthern, dass er sich freut, weil Gott in ihnen Verantwortung gewirkt hatte (2. Korinther 7,11).

Petrus schreibt: „Seid bereit zur Verantwortung jedem gegenüber, der nach eurer Hoffnung fragt" (1. Petrus 3,15).

# 19. Glaube und Leben

Wir arbeiteten als Verlag, zuerst hauptsächlich noch als Notenverlag, jahrzehntelang mit einer Druckerei zusammen. Die Geschäftsverbindung war gut und über das Wirtschaftliche hinaus bestand auch Übereinstimmung in Fragen des Glaubens. Das war bestimmt eine gute Basis für vertrauensvolle Zusammenarbeit, die sich über die Jahre immer wieder neu bestätigt hat.

Natürlich wurde nicht nur über das „Geschäft" gesprochen, auch anderes kam zur Sprache.

In dieser Firma arbeitete ein gläubiger Mann, der sehr missionarisch war und viele Menschen auf ihren Glauben oder Unglauben ansprach. An sich sehr löblich und etwas Normales für einen Botschafter des Evangeliums.

Ich erlebte diesen Mann bei Versammlungen, wie er als eindringlicher Verkündiger immer wieder zur Gitarre griff und durch Lieder das Evangelium verkündete. Mir selbst lag oft zu viel Gefühl darin, aber viele andere fanden das wunderschön.

Über die Jahre hatte ich den Kontakt zu ihm verloren, da er sich von der örtlichen Gemeinde getrennt hatte und eine in der weiteren Umgebung besuchte. Da war er auch angesehener als in der örtlichen Versammlung. Von dort konnte er seine vorherige Gemeinde und einige ihrer Glieder kräftig kritisieren. „Es ist Zeit, dass das Gericht am Hause Gottes anfängt", predigte er und meinte damit seine früheren Geschwister.

Eines Tages erklärte sein Firmenchef in einem Gespräch: „Diesem Mann nehme ich nichts mehr ab von dem, was er missioniert und evangelisiert, er hat jeden Anspruch auf Glaubhaftigkeit verloren."

Was war passiert? Da dieser Mitarbeiter der Druckerei durchaus auch Evangelisationen abhielt, Veranstaltungen über mehrere Tage oder auch zwei Wochen, reichte sein Jahresurlaub natürlich bei weitem nicht. Er kam daher auf den Gedanken, sich 14 Tage lang krankschreiben zu lassen und in der Zeit – obwohl er nicht krank war – als „Pseudo-Kranker" eine auswärtige vierzehntägige Evangelisation zu halten. Wie zu erwarten war, wurde es publik. Die Auswirkung war ein gestörtes Vertrauensverhältnis zu seinem Chef.

Vertrauen ist ein zartes Pflänzlein: Wenn es zerstört wird, kommt es nicht gleich wieder. Es ist nicht zu bestreiten, dass es ein hoher Maß-

stab ist, der an einen Botschafter gelegt wird, wenn er sein Heimatland in irgendeiner Ecke unserer Welt vertritt. Wir sind Botschafter des Christus, und an uns wird auch ein entsprechend hoher Maßstab angelegt, denn wir vertreten das Reich Gottes.
Zu diesem Auftrag gehört als Ausrüstung die Ganzheit unseres Wesens, die Einheitlichkeit unseres Lebens und dessen Durchsichtigkeit. Ein Wegweiser ist immer eindeutig, auch ein Wegzeiger zum ewigen Gottesreich muss eindeutig und wahr sein. Wir kommen bei diesem Gedankenanstoß nicht um den Begriff der Wahrheit herum. Wahrheit im Sinne von Zuverlässigkeit und Treue, nicht nur im Reden, sondern auch im Handeln.
„Gott ist wahrhaftig" (Johannes 3,33).
„Darum redet die Wahrheit" (Epheser 4,25).
Die Bibel redet vom Geist der Wahrheit und darüber, dass wir diese Wahrheit nicht nur hören und sagen, sondern auch tun.
„Wer die Wahrheit tut, der kommt ans Licht" (Johannes 3,21).
„Wer sich für standhaft hält, soll aufpassen, dass er nicht auf die gleiche Weise sündige" (1. Korinther 10,12).

# 20. Botschafter

Während meiner Studienzeit verbrachte ich ein Auswärtssemester an der Theologischen Hochschule Bethel. Rückblickend sehe ich diesen Aufenthalt als für mein Leben sehr wichtig an. Dort konnte ich viel lernen und erleben. Die Lehrkräfte an der Hochschule waren damals wirklich außergewöhnlich. Das Leben in dieser, von Friedrich von Bodelschwingh gegründeten „Stadt der Barmherzigkeit" mit Tausenden von Kranken hat seine eigene Prägung. Wenn Krankheiten die Anklagen des Todes gegen unser Leben sind, dann bedeutet die dort intensiv stattfindende Begegnung und Beschäftigung des Lebens mit der Krankheit und dem Tod eine behutsame Öffnung von verschlossenen Toren, gleichsam ein ständiges Leben im Advent.
Sehr eindrücklich wurde das unterstrichen durch das Wort: „Wenn der Herr die Gefangenen Zions erlösen wird, so werden wir sein wie die Träumenden. ... Dann wird unser Mund voll Lachens und unsere Zunge voll Rühmens sein. Dann wird man sagen unter den Heiden: Der Herr hat Großes an ihnen getan!" (Psalm 126,1-2). Das war in großen Lettern auf dem Rundbogen der Zionskirche in Bethel geschrieben. Ich kann mich nicht erinnern, dass ich in vielen Monaten auch nur einen Gottesdienst erlebt habe, in dem nicht Besucher wegen plötzlich auftretender epileptischer Anfälle weggetragen werden mussten. Das alles gehörte zum Leben, zum Gottesdienst, auch das wunderbar geordnete und selbstverständliche Wegbringen der Kranken. Doch darüber stand dieses große Wort der Hoffnung: „Wenn der Herr die Gefangenen Zions erlösen wird." Es hat sich mir tief eingeprägt, dass dieses Leben nicht nur ständig vom Tod bedroht und immer vom Sterben durchdrungen war, sondern auch leben wollte. Denn er ist die Quelle des Lebens.
Der Gründer von Bethel hat dies einmal so formuliert: „Christus steht nicht hinter uns als unsere Vergangenheit, sondern vor uns als unsere Hoffnung."
Dieser Hoffnungsgedanke war in Bethel lebendig.
Wir Studenten wurden aufgefordert, in die verschiedenen Häuser zu gehen und die Kranken zu besuchen, sozusagen „praktische Theologie" zu üben. Die vielen Gebäude, es war ja eigentlich ein ganzer Stadtteil, hatten alle biblische Namen. Wir sollten etwas vom Gottesdienst berichten, ein Gesangbuchlied lesen, ein Gebet sprechen und dann ins

nächste Zimmer gehen. Es kam aber etwas anders als gedacht, denn manche der Kranken hatten größere Bibelkenntnis als wir Theologiestudenten. So wurde ich im ersten Zimmer, in „Dothan", gleich mit der Frage empfangen, wo denn Dothan in der Bibel vorkomme. Glücklicherweise hatte mich ein Mitstudent eines älteren Semesters vorgewarnt. Deshalb konnte ich wenigstens meinen Mangel an Bibelkenntnis noch verbergen und wenigstens erklären, welche Bewandtnis es mit Dothan hatte.

Sehr eindrücklich waren auch die Dozenten – besonders Magister Hellmuth Frey. Seine Kenntnisse in der hebräischen Sprache waren phänomenal, ebenfalls seine Begeisterung für Gottes Wort. Wenn er in der Vorlesung so richtig „in Fahrt" war, sprach er plötzlich hebräisch. Das führte uns mehr zum Staunen als zum Verstehen.

Überhaupt war das Verhältnis zwischen Studenten und Lehrern ausgezeichnet. Ein von uns verehrter Dozent für Homiletik – ich höre noch heute seinen rollenden baltischen Akzent – versuchte uns, auch mit etwas Humor gewürzt, in die Geheimnisse der Predigt einzuführen. Für einen fröhlichen Abend mit Dozenten und Studenten wollte ich einmal einen Zylinder bei ihm ausleihen. Ich genierte mich durchaus wegen dieser ungewöhnlichen Bitte. Mein Lehrer, Herr Girgensohn, lachte nur und antwortete: „Tut mir Leid, so 'n Ding hab ich noch nie jehabt."

Wir musizierten viel und erlebten dabei große Freude. Manchmal war das, was wir in einem Studentenorchester miteinander spielten, nicht gut, aber gut gemeint. Sie wissen ja, dass Kunst von Können kommt und Wulst von Wollen.

Einmal spielten wir ein für unsere damaligen Ohren sehr modernes Werk für Streichorchester – eigentlich wurden im Kanon zwei Orchester hintereinander geführt. Der Komponist war Paul Hindemith, der gleich nach dem Krieg wieder aufgeführt werden durfte. Der Dirigent verpasste den Einsatz des zweiten Streichorchesters, und wir setzten mindestens einen Takt zu spät ein, spielten aber das Werk trotzdem ganz durch. Erstaunlich war: Kein Einziger der vielen Zuhörer hatte den eklatanten Fehler bemerkt, es war eben „moderne Musik". Der „Schwindel" fiel erst auf, als wir wegen des nicht enden wollenden Beifalls gezwungen waren, das Stück noch einmal zu wiederholen. Diesmal klappte der Einsatz des zweiten Orchesters und die Musik klang nun völlig anders ...

Während meines Aufenthaltes erlebte ich die eindrücklichste Predigt

meines Lebens. Mitten in Bethel, auf einem Platz, wo sich Gehwege kreuzten, also relativ viele Bewohner, Besucher, Gesunde und Kranke, soweit sie sich zu Fuß bewegen konnten, unterwegs waren, sah ich plötzlich etwas Seltsames. Auf Fahrradrädern war ein Brett angebracht, auf dem ein Kranker mit drei Lederriemen festgeschnallt war. Der Grund war mir schnell ersichtlich: Der Mann hatte eine stark ausgeprägte Schüttellähmung. Jeder Muskel seines Körpers, der nicht festgebunden war, zuckte unaufhörlich wie ein Motor, ein Anblick, der mich unversehens sprachlos machte. Was soll man angesichts einer solchen Krankensituation auch sprechen? Allgemeinrezepte hätten dabei sicher versagt! Ich musste aber gar nichts von mir geben, denn der Kranke sprach auf sehr eindringliche Weise zu mir, nicht mit Worten, aber mit seinem ausgestreckten linken Arm. Auch dieser war von der permanenten Schüttellähmung betroffen und zeigte auf ein montiertes Pappschild mit dem in gut lesbaren Buchstaben aufgedruckten Text: „Lasst euch versöhnen mit Gott“ (2. Korinther 5,20). Auf dieses Wort deutete der sich ständig in Unruhe befindliche linke Zeigefinger des Kranken. Er war wirklich „Botschafter an Christi statt“, der an Christi statt bat: „Lasst euch versöhnen mit Gott.“ Ich werde diese „Predigt“ mein Leben lang nicht mehr vergessen, so prägnant war sie.
Die meisten Besuche machte ich dort aber im Kinderkrankenhaus „Patmos“. Dort lagen Kinder mit Mehrfachbehinderungen, manche konnten sich in keinster Weise äußern. Sie waren taub, blind und stumm. Mit einem Studienkollegen war ich sonntags wieder einmal im Haus „Patmos“, diesmal in einem Zimmer mit 8- bis 12-jährigen behinderten Kindern. Empfindlich durfte man dabei nicht sein. Kannten einen die Kinder schon, suchten sie durchaus unsere Nähe. Unerwartet zeigte ein etwa 11- oder 12-jähriges Mädchen, dessen Krankheitsbild uns nicht bekannt war, eine abrupte Veränderung. Wir spürten, dass ein Anfall über sie kam. Sie geriet ins Schleudern. Wir beiden Studenten packten sie und jeder nahm eine Hand, um sie einigermaßen festhalten zu können. Dieses Mädchen wirbelte uns jedoch blitzartig im Zimmer herum, als ob wir aus Watte wären. Wir wussten bald nicht mehr, wo oben und unten war, solche Kräfte entwickelte das zart gebaute Geschöpf. Und dann schrie sie noch in einer Stimmlage, die von den Ohren kaum mehr wahrgenommen werden konnte, den Choral „Ich singe dir mit Herz und Mund“. Es klang ganz unnatürlich, wie eine Botschaft aus einem scheinbar uneinnehmbaren Schlupfwinkel des Bösen. Unwill-

kürlich dachte ich, nachdem wir das Mädchen dann festhalten konnten, wie die kanaanäische Frau Jesus gebeten hatte: „Ach Herr, du Sohn Davids, erbarme dich meiner! Meine Tochter wird vom Teufel übel geplagt“ (Matthäus 15,22).

Nun bin ich sicher kein Fachmann auf diesem Gebiet, auf dem selbst die Schulmedizin, trotz mancher Erfolge, mehr Fragen als Antworten hat, aber der Widersacher Gottes, so sagt uns die Bibel, versucht das Verhältnis des Menschen zu Gott zu stören. Er will Menschen unter seiner Herrschaft versklaven. Durch das in Christus schon gegenwärtige Gottesreich verschärft sich die Intensität als auch das Tempo im Kampf um die Einflusssphäre des „Fürsten dieser Welt“ (1. Johannes 12,31). Denn er hat nur wenig Zeit und – „dass Jesus siegt, bleibt ewig ausgemacht“. Immer wieder spüren wir etwas von diesem Kampf des Feindes der Menschheit, der in Christus besiegt ist, und freuen uns auf die Vollendung seines Sieges.

Und wieder denke ich an das Wort auf dem Rundbogen der Zionskirche in Bethel: „Wenn der Herr die Gefangenen Zions erlösen wird, so werden wir sein wie die Träumenden.“ Eigentlich steht dieser Vers aus Psalm 126 in der Vergangenheitsform: „Als der Herr die Gefangenen Zions erlöst hat, da waren wir wie die Träumenden. Da war unser Mund voll Lachens und unsere Zunge voll Jubels.“

Der Sieg Gottes ist schon geschehen und „die Rechte des Herrn behält den Sieg“ (Psalm 118,15).

„Er aber muss herrschen, bis dass er alle seine Feinde unter seine Füße lege“ (1. Korinther 15,25).

# 21. Dummheit

Dummheit ist zwar ein menschliches Privileg und das Recht darauf sogar von der Verfassung geschützt: Sie darf sich frei entfalten. Die Dummheit, von der ich Ihnen jetzt erzählen will, war meine eigene. Sie bestand nicht darin, wenig zu wissen, auch nicht wenig wissen zu wollen, sondern ich glaubte, genug zu wissen. Es war sozusagen unbewusste Unwissenheit.

Wir waren während des Krieges als Luftwaffenhelfer in einer schweren Flugabwehr-Flak-Batterie am Rande einer Großstadt eingesetzt. Die Angriffe der amerikanischen (meist bei Tage) und der englischen (meist bei Nacht) Bomberverbände wurden immer zahlreicher und aus ihrer Sicht erfolgreicher. Diese Armada von Flugzeugen lud ihre tödliche Bombenlast über den Städten ab und nicht immer waren Rüstungsbetriebe ihr Ziel. Unsere Abwehr war nur sehr begrenzt erfolgreich. Die Bomber hatten vielerlei Bomben geladen: Sprengbomben, Luftminen, Phosphor-Brandbomben und sehr viele Stab-Brandbomben, die in Massen abgeworfen wurden. Viele erreichten ihre Ziele, manche explodierten aus irgendwelchen Gründen nicht und wurden dann gesprengt oder anderweitig vernichtet. Immer wieder fanden wir Stab-Brandbomben, die im Gelände herumlagen oder halb im Erdboden steckten. Es war nicht ganz ungefährlich, sich damit zu beschäftigen, aber wir bekamen einen speziellen Bombenunterricht eines Unteroffiziers, der relativ wenig darüber wusste. Und dieses Wenige wurde ihm nur durch die verliehene „Macht" als Unteroffizier verschafft. Immerhin lernten wir die verschiedenen Brandbombentypen anhand der farbigen Ringe kennen, mit denen sie versehen waren. Es gab nämlich auch Brandbomben, die nicht nur zur Feuerentzündung konstruiert waren, sondern auch welche, die noch einen Sprengsatz eingebaut hatten, der dann bei eventuellen Löscharbeiten urplötzlich explodieren sollte. Unser Unteroffizier hatte dafür seine eigene Wortschöpfung gefunden und sagte immer: „Es spritzt und spratzt", und gab uns dann Verhaltensregeln im Falle eines Falles.

Brandbomben hatten wir genügend gefunden, uns auch immer wieder damit beschäftigt, um unser Wissen darüber zu erweitern. Wahrscheinlich folgerten wir: „Unser Wissen ist nicht vorhanden, wenn es nicht benützt wird."

An einem Sonntagnachmittag – Urlaub gab es ja nicht – machten ein Wachtmeister, der Verantwortliche für das Radargerät, ein anderer Luftwaffenhelfer und ich einen kleinen Spaziergang innerhalb unserer Flakstellung. Prompt fanden wir, ohne dass wir uns dafür anstrengen mussten, eine ganze Anzahl von Brandbomben-Blindgängern. Wir packten sie an, schlugen sie mit dem Aufschlagkopf auf die durch unsere Stellung verlaufende, für jeglichen Verkehr gesperrte schmale Straße. Der Erfolg war ein großartiges Feuerwerk, viel schöner und authentischer als an Silvester. So im Abstand von zwei Metern etwa brannten diese „Fackeln", wir meinten ja die Typen dank unseres genossenen Unterrichts zu kennen und schauten uns mit Begeisterung unsere „Ideensammlung" an, bis es auf einmal laut knallte und mein Wachtmeister mit einem durch Splitter durchschlagenen Schienbein auf dem Boden lag. Mein Luftwaffenhelfer zur Rechten fiel mit einem in die Lunge eingedrungenen Splitter auf den Boden. Nur ich hatte nicht einmal einen kleinen Kratzer. Diese Bewahrung wurde mir aber erst später bewusst, denn zunächst galt es natürlich, die Verwundeten zu versorgen und der nicht geringen Aufregung in der Flakstellung zu begegnen. Die beiden Verletzten kamen ins Krankenhaus, der Wachtmeister für sehr lange Zeit. So war ich den unangenehmen Fragen der vorgesetzten Offiziere alleine ausgeliefert. Der Chef sprach von einer wohl nicht zu vermeidenden Kriegsgerichtsverhandlung. Und das verhieß wirklich nichts Gutes.

Am nächsten Tag sollte die Kommission in die Flak-Stellung kommen, um mich zu verhören. Ein Leutnant wollte mich für diesen Auftritt präparieren, denn es sollte kein „größerer Fall" daraus werden. Die Offiziere fürchteten die eventuellen Auswirkungen auf ihre Reputation, zumal sich der Regimentskommandeur auch zum Verhör angemeldet hatte.

Nun sollte ich also gut vorbereitet werden und zugegebenermaßen wusste ich ja genau, was und wie alles passiert war. Der Offizier, eigentlich ein prima Kerl, meinte dann zu mir: „Ich will von Ihnen überhaupt nicht wissen, wie das geschehen ist. Ich werde Ihnen jetzt genau sagen, was sich zugetragen hat." Dann gab er eine frei erfundene Version von sich, die mit der Sachlage absolut nichts zu tun hatte. Seine „Wahrheit" ließ sich nicht zeigen, nur erfinden. Ich bekam den Befehl, seine Version wörtlich zu wiederholen. Natürlich klappte das überhaupt nicht und der Offizier schrie mich an. Wahrscheinlich zweifelte er an meiner Intelligenz und wollte mich ununterbrochen zwingen, etwas dazuzulernen. Als ich noch einmal alles wiederholen sollte, stotterte ich auch diesmal, hatte ich doch meine erlebten Fakten vor Augen. Mir war natürlich bei dieser ganzen Geschichte sehr unwohl und ich sah mich bereits im Militärgefängnis.

Innerhalb unserer Flakstellung hatten wir einen ansehnlichen Auffüllplatz, heute würde man Müllhalde dazu sagen. Dort wurde alles hingeworfen, was überflüssig war: gemähtes Gras, Holzstücke, Essensreste, leere Flaschen und manches andere. Diese Halde hatte sich bei einem Luftangriff entzündet, und es gelang uns nicht, den bereits in die Tiefe gedrungenen Brand zu löschen. Es drang ständig noch Rauch aus der Halde.

Am nächsten Tag erschien die Kommission, die von einem Späher der Einheit schon im Voraus gemeldet worden war. Schließlich war das für alle das Topthema. (Ich habe heute noch das Bild des alten Mercedes vor Augen, mit dem sie an der Wache der Flakbatterie vorfuhren.) Als sie gerade in Richtung des „Tatorts" fuhren, platzten zeitgleich durch die entwickelte Hitze der brennenden Müllhalde zwei oder drei leere Flaschen. Der Wagen hielt und völlig unerwartet schoss aus der brennenden Halde ein Phosphorkanister wie eine Rakete. Fast über das Auto der Kommission. Die Hitze hatte den Boden des Kanisters abgesprengt und dieser sauste mit einem Rauchschweif etwa 60 bis 80 Meter durch die Luft. Das war vorher noch nie passiert. Eine bessere Inszenierung und Dramaturgie hätte man nicht planen können.

Unsere Offiziere brauchten keine ihrer erfundenen Versionen zu erklären. Es war ja alles so offensichtlich, dass dies ein vom Kriegseinsatz bedingter „Unfall" war. Diese „Demonstration" brachte es mit sich, dass ich als einziger Zeuge überhaupt nicht mehr befragt wurde. Dies schien anhand der „Fakten" überflüssig geworden zu sein. Die Kommission zog auch prompt und zufrieden wieder ab, sodass in die Flakstellung wieder Ruhe einkehrte. Wenn ich mich nicht ganz täusche, hat der Wachtmeister für seine Verletzung sogar das Verwundetenabzeichen bekommen.

Für mich bedeutete es Bewahrung in mehrfacher Hinsicht. Bewahrung vor der Gefahr, aber Bewahrung auch davor, etwas Unwahres sagen zu müssen, um meine Haut zu retten. Ein Musterbild der bewahrenden Treue Gottes in allen verschiedenen Nöten, in Gefahren des Leibes und der Seele.

Er, der Hüter Israels, schläft und schlummert nicht (Psalm 121,4) und hat mir auch bei größter Dummheit und völligem Versagen von meiner Seite seine Hilfe erwiesen.
Ich kann da nur mit dem großen Paulus aussprechen: „O, ein treuer Gott“ (2. Korinther 1,18).
In Psalm 91,11 wird die Zusage Gottes festgehalten: „Denn er hat seinen Engeln befohlen über dir, dass sie dich bewahren auf allen deinen Wegen.“

# 22. Jesu Name nie verklinget

Die Zeit des „Kalten Krieges“ war für uns spannend, besonders dann, wenn es galt, christliche Literatur hinter den „Eisernen Vorhang“ zu bringen. Viele Mithelfer gingen große Risiken ein. Ich möchte deshalb nicht ausführlich darüber berichten, weil es über diese Zeit bereits eine ganze Anzahl von Veröffentlichungen gibt. Viele dieser Transporte konnten wir mit unseren Publikationen ausstatten und teilweise auch begleiten. Jedoch mussten alle Beteiligten die Kunst des konstruktiven Schweigens beherrschen. Die besten Chancen hatte man, wenn nur zwei Menschen davon wussten. Jeder weitere war ein Risiko.

Es gab viele Kanäle des Transportes, und alle wurden benutzt, soweit das überhaupt möglich war. Etliche junge Menschen, manchmal Hochbegabte, gaben trotz ihrer Chance auf eine große Karriere Jahre ihres Lebens für diese Aktionen. Noch heute bedanken sich Leute aus den östlichen Bundesländern und anderen Staaten des früheren Ostblocks für das, was wir ihnen in die Hände geben konnten. Gefragt waren wegweisende biblische Literatur und erweckliche Liederbücher. Die weitaus am eifrigsten gesuchte Publikation war das so genannte „blaue“ Liederbuch „Jesu Name nie verklinget“. Wir versuchten auf allerlei Weise, dieses Liederbuch über die Grenze zu bringen. Man sagt zwar, dass keine Grenze so sehr zum „Schmuggeln“ verleitet wie die Altersgrenze. Bei uns war es jedoch anders. Wir wussten um den großen Bedarf an „blauen“ Büchern. Zunächst wurden diese in Autoladungen versteckt. Auch ich selbst fuhr oft in die damalige DDR, solange ich das noch durfte. Wir stellten dann bei der Leipziger Messe, dem großen Schaufenster der DDR, im Frühjahr und im Herbst aus. Hierfür bekamen wir auch so genannte Austauschverträge. Geld wurde nie bezahlt, es wurde nur getauscht. Wir übernahmen Bücher der Evangelischen Verlagsanstalt Ostberlin im Gegenwert und versuchten, sie im Westen zu verkaufen.

Bei einer Fahrt mit meiner Frau nach Leipzig hatte ich meinen Opel Kombi mit Druckerzeugnissen vollgeladen, darunter auch nicht erlaubte Literatur. Über diese Bücher legte ich Notenausgaben eines Stuttgarter Musikprofessors mit dem genialen Namen Karl Marx. Wir hatten Blockflötenmusik dieses Komponisten verlegt. Als mein Wagen kontrolliert wurde, sah der Grenzpolizist diese Noten und meinte dann,

sichtlich überrascht, in breitem sächsischem Dialekt: „Was, gomboniert had der och noch!“ Wir versuchten unser Grinsen, so gut es ging, zu verbergen.
Ein anderes Mal ging es allerdings nicht gut, denn die Polizei durchsuchte das Fahrzeug und hob den doppelten Boden aus. Für mich ein peinlicher Augenblick, der mir dann im Leipziger Stasikeller ein hochinteressantes Verhör bescherte. Es war wie in einem Krimi: ein Tisch, bei dem leicht zu erkennen war, dass ein Tonband während des Verhörs mitlief. Zwei Beamte saßen auf Stühlen im Abstand von etwa drei Metern mir gegenüber.
Es war erstaunlich, was diese Stasioffiziere in ihren Akten über den Hänssler Verlag und mich persönlich zusammengetragen hatten. Manches Vergessene aus der Verlagsarbeit war schwarz auf weiß festgehalten. Im Verlauf dieses Verhörs konnte ich feststellen, dass zwischen der politischen und der wirtschaftlichen staatlichen Stelle keine gute Kommunikation bestand. Die politische Seite wusste damals nicht, dass wir Aussteller auf der Messe waren. Diese schlechte Kommunikation wussten wir natürlich künftig gut auszunutzen. Wir bekamen Austauschverträge und konnten in großem Stil Notenausgaben einführen. Das bedeutete für die „DDR-Gewaltigen“ Kultur und darauf waren sie mächtig stolz. Insoweit war Kultur für sie auch limitierte Zusammenarbeit, für uns aber, die wir das gesungene Bibelwort in den Kompositionen der Alten Meister überbringen konnten, war Kultur die Ausgestaltung von Gottes Einfällen.
Natürlich mussten wir der politischen Abteilung Muster der einzuführenden Druckwerke zur Genehmigung vorzeigen. Was wir nicht vorlegten, waren die blauen Liederbücher „Jesu Name nie verklinget“ ...
Die Messebesucher, darunter auch einige aktive christliche Buchhändler, hatten die Situation sofort erkannt und bestellten diese blauen Liederbücher in so großen Mengen, dass wir palettenweise ausliefern konnten. Diese Paletten wurden aber nie geöffnet, weil sie gut mit Stahlband verschnürt waren. Man sah zwar die blauen Bücher, aber außer der Bestell-Bestätigung der Wirtschaftsabteilung, denen sehr daran gelegen war, ein gutes Geschäft zu machen und ihre Austauschverträge zu erfüllen, entdeckte niemand den Inhalt der Bücher selbst. Diese Methode funktionierte recht gut. Einmal kam der Bestellbuchführer zu mir und sagte: „Senden Sie mir doch wieder eine Palette von diesen blauen Büchern.“ Ich betrachtete aufmerksam sein Parteiabzei-

chen, setzte mein dümmstes Gesicht auf, das mir zur Verfügung stand, und fragte zurück, was er damit meine. „Nun, das blaue Buch", betonte er, und ich tat so, als ob ich wirklich nicht kapiert hätte und fragte: „Welches blaue Buch meinen Sie denn?" Insgeheim dachte ich mir: „Diesen Titel soll er ruhig selbst ganz aussprechen." Daraufhin gab er mir, etwas erstaunt über meine „Unwissenheit", zur Antwort: „Nun, ich meine das Buch ‚Jesu Name nie verklinget'", worauf ich sofort reagierte und ihm antwortete: „Ja, das stimmt: Jesu Name nie verklinget."

Als die vielen jugendlichen Besucher der Bad Blankenburger Konferenz diese Lieder sangen, die Behörden nachforschten, warum wohl der Zulauf zu dieser Konferenz so stark war, gab es verschiedene Antworten darauf. Eine davon waren die dort gesungenen Lieder aus dem „blauen" Buch. Bald darauf wurde der Vertrieb dieses Liederbuches gestoppt, weil in einem Lied „Die Gefangenen von Sibirien" erwähnt werden. Die letzte Lieferung zweier Paletten wurde verbrannt, wie ich von einem glaubwürdigen Augenzeugen schriftlich erfahren habe. Die Bestellung des „blauen" Buches und damit alle anderen regulären Bestellungen der DDR wurden daraufhin eingestellt. Auch die „kulturellen" Ausgaben durften nicht mehr ausgeliefert werden. Die Ernsthaftigkeit der Maßnahmen der DDR-Behörden erkannten wir daran, dass die DDR noch ein Austausch-Guthaben bei uns hatte, das sie dann aber nie mehr in Anspruch nahm. Interessant war für uns, dass die Kultur sanktioniert, auf der anderen Seite das erweckliche Liedgut aber gnadenlos bekämpft wurde. Die Kirche als Museum war noch akzeptiert, aber wehe, wenn sie wirklich zur Botschafterin wurde!

Die Gegenwart des Bösen in dieser Welt, die Ablehnung der Guten Botschaft vom Kreuz ist das nicht zu übersehende Merkmal unserer Zeit. Vor 150 Jahren schon schrieb Christoph Blumhardt: „Ehe das Ende kommt, ist mit dieser Welt nichts anzufangen. Sie kann nicht anders sein. Darum schimpfe man nicht auf sie. Wir können aber Licht in dieser Welt sein, damit sie ein wenig leuchtet. Und wir können der Welt das Evangelium predigen: Jesus ist euer Heiland." Und vor 100 Jahren schrieb Hermann Bezzel: „Gott wird die christentumsfeindliche Epoche heraufkommen lassen. Wir aber wollen in der Sturmflut an die Dämme gehen und das halten, was allein uns halten kann. Sagen wir es einer siechenden, leidenden Welt: Jesus lebt, Jesus siegt, Jesus triumphiert."

Heute kann ich dankbar auf alle Erlebnisse zurückschauen, dankbar auch für das große Wunder der Wiedervereinigung und die dadurch

gewonnene Freiheit, auch die Freiheit zur Verbreitung des Evangeliums. Der lebendige Gott hat alles im Griff und „die Rechte des Herrn behält den Sieg“ (Psalm 118,15).
Jesus hat es uns gesagt: „Ich habe die Welt überwunden“ (Johannes 16,33).

# 23. Fehlurteile

Menschen zu beurteilen, gleicht manchmal einem Maler, der groteske Bilder malt. Man kann auf seinen Bildern die gemalten Menschen oft nicht mehr erkennen. Wie gut, wenn wir wenigstens Menschen gegenüber keine Vorurteile haben, die lassen sich nämlich fast gar nicht widerlegen. Manchmal sehen wir wie durch ein Vergrößerungsglas nur die guten Seiten derer, die wir lieben, und dafür ausschließlich Fehler deren, die wir nicht mögen. Vielleicht müssen wir da unsere eigenen Motive gelegentlich hinterfragen.
Ich habe mit der Beurteilung von Menschen recht unterschiedliche Erfahrungen gemacht. Als Student interessierte ich mich eine Zeit lang für Handschriften, nicht für deren Lesbarkeit, sondern für deren Verschiedenartigkeit und Enthüllung des Charakters des Schreibers. Das ist manchmal durchaus interessant und mag auch in gewisser Weise aussagekräftig sein.
Studienfreunde entdeckten mein Interesse und brachten mir eines Tages einen handschriftlichen Brief, anonym, mit der Bitte um meine Analyse. Ich beschäftigte mich mit diesem Schriftstück und zog daraus sehr negative Schlüsse über den Schreiber. Bald darauf erfuhr ich die Identität des Urhebers und war wirklich bestürzt. Es war ein Studienleiter, der im Verlauf des Zweiten Weltkrieges einen Arm verloren hatte und gerade dabei war, mit der anderen Hand neu schreiben zu lernen.
Aufgrund dieser Erfahrung kam ich zu folgender Erkenntnis: Wenn ich bei meiner Prüfung der Handschrift nicht in der Lage bin, eine solch „besondere“ Situation zu erkennen, dann bin ich auch sonst nicht fähig zu objektiven Urteilen. Dies war dann in der Tat auch meine letzte Beurteilung von Handschriften, um kein weiteres „Unheil“ anzurichten. Woher nehme ich das Recht, die Lebensäußerungen anderer einzuschätzen?
Aktueller wird eine Beurteilung natürlich noch, wenn sie meine eigene Person betrifft. Da gäbe es manches zu erzählen, mit garantiertem Schmunzeleffekt.
Meine Patentante – eine Frau, die von ganzem Herzen Jesus nachfolgte, noch heute kann ich nur in höchster Bewunderung von ihr sprechen – hatte eine besondere Berufung. So, wie andere in die Mission berufen wurden, hatte sie einen klaren Ruf als Haushaltshilfe in die

Familie Hänssler. Sie war schon einige Jahre vor meiner Geburt da und wirkte 59 Jahre lang in dieser Aufgabe. Glaube und Handeln waren bei ihr eine Einheit. Nach dem relativ frühen Heimgang meiner Mutter, mit der sie jahrzehntelang zusammengearbeitet hatte, bekam sie immer wieder Schübe von starken Depressionen, von denen übrigens auch ihre eigene Mutter geplagt worden war. Dadurch hielt sie sich mehrfach in solchen Phasen in der psychiatrischen Klinik auf, weil sie akut suizidgefährdet war.

Als ich meine Tante einmal in die psychiatrische Abteilung des Bürgerhospitals in Stuttgart brachte, kam die diensthabende Ärztin auf uns beide zu und fragte dann meine Tante: „Nun, liebes Mütterlein, wo fehlt es denn Ihrem Sohn?“ Das war natürlich ein krasses Fehlurteil, weswegen ich immer wieder einmal im Spaß geneckt wurde.

Für mich war es allerdings ein mahnendes Beispiel dafür, wie schnell wir in unserer Beurteilung falsch liegen können. Auch in geistlichen Dingen können wir schneller, als wir denken, falsche Schlüsse ziehen.

Wenige Wochen nach meiner Bekehrung wurde ich in einem großen missionarischen Werk zu einer Veranstaltung in eine Kirche eingeladen, zusammen mit einem Freund, der schon wesentlich früher zu einer persönlichen Beziehung mit Jesus Christus gefunden hatte. Erst kurz vor der Veranstaltung wurden wir gebeten, doch in einem „Zeugnis“ in der Kirche zu berichten, was Jesus Christus für unser Leben bedeutete. Mein Freund, recht redegewandt und auch mit der frommen Sprache vertraut, gab eine gute Vorstellung ab. Nun kam ich dran. Zum ersten Mal in meinem Leben sollte ich frei sprechen, zudem noch in einer voll besetzten Kirche. Für mich war es sowieso immer leichter, lange über nichts zu reden als kurz über etwas.

Ich wusste zwar, dass Jesus mir meine Schuld vergeben hatte, mich liebte und ich ihm mein Leben anvertraut hatte, aber es fiel mir schwer, das richtig zu formulieren. So stotterte ich verlegen vor mich hin, bedeutend war es sicher nicht, und rettete mich schlussendlich auf den Liedvers: „Jesus Christus herrscht als König, alles wird ihm untertänig, alles legt ihm Gott zu Fuß; aller Zunge soll bekennen, Jesus sei der Herr zu nennen, dem man Ehre geben muss“, was ja auch nicht falsch war.

Die Veranstaltung war zu Ende, die Besucher strömten zum Ausgang. Vor mir sprachen zwei Frauen, Hauptamtliche im Dienst für Gott, über die „Zeugnisse“ der beiden Studenten. Die eine meinte und wurde von der anderen bestätigt: „Da hat man natürlich deutlich gemerkt, wer von den beiden im geistlichen Leben schon viel weiter vorangeschritten ist!" Das war`s dann, dabei hatte ich Jesus doch bestimmt genauso lieb wie mein Studienkollege.

Es ist schon komisch, dass man ein solches Urteil nach fast 60 Jahren noch wörtlich zitieren kann. Manche Beurteilungen werden zu Verurteilungen. Matthias Claudius hatte sich über dieses Thema auch schon Gedanken gemacht: „Beurteile einen Menschen lieber nach seinen Handlungen als nach seinen Worten; denn viele handeln schlecht und sprechen vortrefflich."

Manche Beurteilungen geschehen aus Unachtsamkeit, einfach durch unvorsichtige Bemerkungen. Wie ich schon früher berichtete, lag ich einmal acht Monate im Krankenhaus. Da vermisste ich die Gemeinschaft, die Gemeindegottesdienste und den Jugendkreis mehr, als ich erwartet hatte. Als ich endlich aus dem Krankenhaus entlassen wurde - ein echtes Wunder - besuchte ich als erste Veranstaltung einen Jugendgottesdienst. Der Redner war ein im ganzen Bundesgebiet bekannter und auch von mir hoch geschätzter Mann. Der große Saal war überfüllt, nur in der ersten Reihe - wie das häufiger so ist - war noch ein Platz frei. So saß ich natürlich in nächster Nähe und im direkten Blickfeld des Redners.

Sein Vortrag war sehr gut und packend, und er sprach in einem Teil des Abends besonders junge Männer an. Zur Illustration deutete er auf mich und sagte: „Da seht doch, wie diese Kerle ins Kraut schießen." Nun war ich damals nach acht Monaten Krankheit und der kräftigen Ermahnung der Ärzte, ja viel zu essen, furchtbar dick und wog über 100 Kilo. Der Redner hatte zwar seinen Lacherfolg und ich lachte auch mühsam mit. Aber meinen ersten Gottesdienst, nach dem ich mich richtig gesehnt hatte und den ich auch mit ein wenig Angst besuchte, hatte ich mir doch anders vorgestellt. Vielleicht war ich im Krankenzimmer, wo es lange um Leben oder Tod ging, auch sensibler und empfindlicher geworden. Daraus will ich aber lernen, nicht unachtsam zu kommentieren, zu beurteilen, weil ich oft nicht weiß, auch nicht wissen kann, in welcher persönlichen Situation mein Gegenüber sich gerade befindet.

Jesus sagt uns: „Richtet nicht nach dem, was vor Augen ist, sondern übt ein gerechtes Gericht" (Johannes 7,24).

Wenn mein Beurteilen ein Verurteilen wurde, trifft mich das Wort des Paulus, der ja viel Erfahrung mit falschen Urteilen über sich hatte, wenn er in Römer 2,1 schreibt: „Aber du bist ja genauso schlimm wie sie ... wenn du sagst, dass sie schlecht sind und bestraft werden sollen, dann verurteilst du dich damit selbst, weil du genau dasselbe tust, wenn du über sie richtest."

# 24. Die Wolke der Zeugen

Man muss die Vergangenheit verstehen, um sie nicht wiederholen zu müssen und um die Zukunft besser zu kennen. Auch wenn es heute Trend ist, sich nur dem Kommenden zuzuwenden, vielleicht sogar die Vergangenheit abzuwerten, scheint mir das Vergegenwärtigen der Vergangenheit wichtig zu sein, auch um das Zukünftige besser einordnen zu können. Noch etwas konkreter formuliert: Sich seiner Vergangenheit bewusst zu sein, bedeutet auch, Zukunft zu haben.

Das gilt im gesellschaftlichen, geschichtlichen und in gewisser Weise auch im geistlichen Bereich. Wie oft begegnen mir Menschen, die „Heimweh nach der Zukunft" haben, dabei aber fest überzeugt sind, sowohl Gegenwart als auch Zukunft begänne erst mit ihnen. Dabei klammern sie die Vergangenheit komplett aus. Welch ein Irrtum! Wir sind vielleicht die informierteste Gesellschaft, die es je gab, aber bestimmt gilt das nicht für die Gotteserkenntnis, sonst würde die Gottesfurcht nicht auf der Strecke bleiben.

Ich freue mich bestimmt nicht mehr an der Vergangenheit als an der Zukunft, lasse mich auch von der Vergangenheit nicht einholen, aber ich blättere immer wieder gerne im Buch der Geschichte Gottes, die im Leben seiner Kinder durch die Jahrhunderte hindurch fortgeschrieben ist. Um es im Bild zu sagen: Wir stehen doch alle auf den Schultern der uns im Glauben Vorausgegangenen.

Dem möchte ich etwas nachdenken und damit auch „nachdanken".

Dankbar bin ich den Menschen, die uns durch die Jahrhunderte die Bibel, das Wort des lebendigen Gottes, überliefert haben. Welch ein Segen war die „Fränkische Mission", die nach dem Sieg der Franken über die Alemannen im Jahr 536 dafür sorgte, dass im 6. Jahrhundert in meinem Heimatort ein kleines Holzkirchlein entstand, in dem das Evangelium bezeugt wurde. Was für Augen werden die Alemannen beim Bau desselben gemacht haben! Sie wollten bestimmt sehen und hören, was dort vor sich ging, zumal das Vertrauen in ihre Götter Ziu, Wotan und Donar sehr erschüttert war.

Das Holzkirchlein wich einer kleinen Steinkirche, die in der zweiten Hälfte des 11. Jahrhunderts vom Ortsadel gestiftet wurde. Während des 12. Jahrhunderts errichtete man das Kirchenschiff als trefflichen romanischen Quaderbau.

Die Reformation fand 1538 Eingang. Von da an wurde das Evangelium Alt und Jung, Hoch und Niedrig angeboten. Zu den vornehmen Besuchern des Gottesdienstes gehörten Herzog Carl Eugen und der Prinz Heinrich von Preußen, der Bruder Friedrichs des Großen. Er war nach Schloss Hohenheim gekommen, um Herzog Carl zu besuchen. Als er aber hörte, dass die hohe Herrschaft in der Kirche zu Plieningen sei, fuhr er rasch herüber und trat in das Gotteshaus. Die Kirche war gedrängt voll und der Prediger stand schon auf der Kanzel. So nahm der Prinz auf dem ersten besten Stuhl, der noch frei war, Platz. Das war aber zufällig der in der Nähe der Tür befindliche Platz des Bettelvogtes. Unwillkürlich ging ein Schmunzeln durch die Gemeinde, als der vornehme, mit vielen Orden geschmückte Herr sich auf diesen Platz setzte. Der Prinz ließ sich dadurch nicht stören, sondern hörte recht andächtig auf die Predigt. Nach dem Gottesdienst wurde der damalige Pfarrer Goez dem Prinzen vorgestellt und sprach ihm sein tiefes Bedauern darüber aus, dass er einen so bescheidenen, ja geringschätzig angesehenen Platz habe einnehmen müssen und niemand so höflich gewesen sei, ihm einen besseren Sitz einzuräumen. Doch der Prinz beruhigte ihn mit den Worten: „Lassen Sie sich des nicht anfechten, lieber Herr Pfarrer! Vor Gott sind wir alle gleich, da gibt es weder Prinzen noch Bettelvögte, sondern nur arme Sünder."
Der bereits erwähnte Pfarrer Carl Goez hatte sich mit einer Bittschrift an den Herzog um die Pfarrei Plieningen beworben. (Herzog Carl Eugen war ein baulustiger Despot mit prunksüchtigem Verhalten, der seinen Untertanen maßlose Steuern und Frondienste abverlangte und viele Söhne des Landes ins Ausland als Soldaten verkaufte. Erst durch seine zweite Ehe, mit der vom Pietismus geprägten Reichsgräfin Franziska von Hohenheim, änderte sich sein Verhalten total, sodass er im Lande ein beliebter Herzog wurde.)
Der Herzog erklärte ihm darauf, er wolle zuerst seine Predigt hören, die er über einen von ihm auf ein Blatt Papier geschriebenen Text halten solle, das er auf die Kanzel legen lasse. Pfarrer Goez fand aber nur ein unbeschriebenes Blatt vor. Schlagfertig predigte er daraufhin über das Thema: „Gott hat die Welt aus nichts geschaffen", worauf der Herzog ihn auf die Plieninger Pfarrstelle versetzte.
Die pietistische Bewegung erreichte im Dorf 1821 einen gewissen Höhepunkt, denn es gab im Ort nun vier verschiedene Versammlungen. Im November 1820 kam als 22-Jähriger Ludwig Hofacker nach Plie-

ningen, um die Dienste des altersschwachen Ortspfarrers zu übernehmen. Immerhin hatte er „das ganze Amt über etwa 2000 Seelen". Er erfuhr hier die Durchhilfe des Herrn, an den er sich „klammerte wie eine Klette am Kleid". Als er zwei Monate im Ort gewirkt hatte, schrieb er einem Freund: „Wo soll ich anfangen, wo enden, wie kann ich die Treue des Herrn, der mir bisher barmherzig durchgeholfen hat, bei aller Untreue von meiner Seite, genugsam preisen? Das erste Mal predigte ich hier am Andreastage. Ich ging mit schwerem Herzen auf die Kanzel und sagte meinen Zuhörern, dass ich gekommen sei, sie zu fischen, und sodann, wie ich sie fischen wollte. Weil ich mehr Freimütigkeit im Vortrag hatte als mein Vorgänger, erregte mein Vortrag nicht geringes Aufsehen. Im Advent war die Kirche voll und von da an nahm die Menschenzahl nicht ab, sondern zu, sodass viele aus benachbarten Dörfern in die Predigt kamen."

Hofacker ging auch in die Häuser und war dort Seelsorger. Das Gebet für die ihm anvertrauten Menschen nahm er sehr ernst. Er schreibt: „Ohne eifriges Gebet für die Gemeinde wird auch keine Liebe im Herzen des Seelsorgers gegen seine Seelen stattfinden, und ohne Liebe kann ein Mensch nichts Wahrhaftiges wirken."

Jesus zu verkündigen war das Lebensmotto und Ziel des jungen, aber sehr kranken Erweckungspredigers. Geheilt wurde er nicht, aber in seiner großen Schwachheit war die Kraft von Jesus sehr mächtig. Tausende strömten zu den Predigten Hofackers, viele fanden zu einem lebendigen, persönlichen Glauben an Jesus Christus.

In Plieningen war die große Kirche übervoll. Neben die hohen gotischen Fenster stellte man lange Leitern von außen, auf denen selbst im Winter Menschen standen, die hungrig nach dem lebendigen Wort Gottes waren. Hofacker, sehr geschwächt, war nur wenige Monate Vikar in Plieningen, denn immer wieder zwangen ihn Schwächeanfälle zu Unterbrechungen. Im Frühjahr 1821 wurde ihm jegliche Tätigkeit unmöglich. Erst 1823 konnte er für kurze Zeit seinen Dienst in Stuttgart fortsetzen. 1828 starb Hofacker im Alter von nur 30 Jahren. In seinem kurzen Leben hatte er nur wenig über 100 Predigten gehalten, die aber auch heute noch viel gelesen werden. Sie sind in bisher 52 Auflagen erschienen und werden selbst bis in die Weiten Russlands bei evangelischen Gottesdiensten vorgelesen.

Die erweckliche Predigt vom gekreuzigten Jesus, als Gotteskraft erfahren, prägte jahrzehntelang eine ganze Region. Auch seine Einseitigkeit.

Hofacker wollte „ganz einseitig sein“, nämlich „auf der Seite Jesu Christi“. Er wollte einen „Schrei für Jesus tun“, der „vom Südpol zum Nordpol“ erschallt. Als Seelsorger war er deutlich und klar. In einem Brief an Missionsstudenten schreibt er an Ostern 1828: „Werdet in eurem Missionsstand keine Herren und Herrlein. Ich weiß, ihr habt Versuchung dazu. O, nur keine Herren! Das steht jedermann übel an, besonders aber einem Knecht Jesu Christi. Spaltet Holz, feget aus, waschet einander die Füße. Wer's am besten kann, der ist der Größte. Wisset, dass der Heiland Tagelöhner braucht, Knechte, Lastesel, die aber Ihn lieb haben, Leute, die im Dreck patschen und sich nichts draus machen um seinetwillen. Es geht in den Feldzug und da kann man keine Leute brauchen, welche die Kleider schonen. Ihr seid keine Paradepferde, sondern müsset Karrengäule werden. Lebet wohl!“

Es kam zu einem geistlichen Aufbruch in der Gegend, die Versammlungen der Gläubigen sprossen nur so aus dem Boden. In den umliegenden Ortschaften gab es jeweils bis zu sieben Versammlungen. Auffallend ist allerdings, dass später in allen Berichten, auch Kirchenvisitationsberichten, Plieningen nicht mehr erwähnt wird. Eine Folge einer fatalen Fehlentscheidung der damals zuständigen Kirchenbehörde, die als Nachfolger des Erweckungspredigers einen „Schöngeist“ und Gelehrten, Benjamin Gottlob Fischer, 1822 ins Plieninger Pfarramt einführte. Er, ein Verwandter Friedrich Hölderlins, hatte sich in seiner Zeit als Pfarrer besonders um die Übersetzung von Goethes Werken in die lateinische Sprache bemüht. Welch eine Veränderung in der Verkündigung und Zielsetzung! Natürlich hat er sich im Amt nach Hofacker schwer getan, und so war das Erweckungsfeuer in Plieningen nur noch am Glühen. Geistliches Leben will gepflegt sein. Gott, der nicht nur die Welt, sondern auch die Zeit schuf, hatte seinen Plan „fertig und bereit“. Die Situation änderte sich schnell, das Morgen kam schon gestern.

Johann Christoph Blumhardt, der Ältere, ein vollmächtiger Verkündiger trat auf den Plan. Sein Motto hieß: „Jesus ist Sieger.“ Seit er Pfarrer in Möttlingen war, verkündigte er den Sieg des Christus. Über eine Liedersammlung, von ihm herausgegeben, hat er das Lied: „Jesus ist der Siegesheld, der all seine Feind besieget“ und darüber das Wort „Motto“ geschrieben. Es herrschte Erweckungsgeist.

In einem kirchlichen Bericht aus dem Jahre 1846 steht: „Das Jahr 1846 war für mehrere Gemeinden des Amtsdekanatsbezirks auf den Fildern (dazu gehörte Plieningen) eine Zeit geistlicher Belebung und Erweckung, welche mit den Predigten des Pfarrers Blumhardt in Möttlingen zusammenhängt. Im Sommer des genannten Jahres besuchten nämlich viele Gemeindemitglieder auch von außerhalb sonntäglich diese Predigten. Die Folge war, dass ein ernsterer Sinn, ein tieferes Heilsbedürfnis und ein neuer Eifer im Christentum in ihnen erweckt wurde und sofort auch das Verlangen nach gemeinschaftlicher Erbauung und Förderung im geistlichen Leben sich kundgab. Der Besuch der Privaterbauungsstunden (Versammlungen) nahm derart zu, dass in einem Dorf fast alle Gemeindeglieder daran teilnahmen und in einem anderen – neben den fünf bereits bestehenden Gemeinschaften – sich noch zwei neue bildeten."

Von einem Teilort, zur Gemeinde Plieningen gehörend, wird berichtet, dass „alte Säufer ihrer Sünde entsagt haben und Störungen des Friedens, wo sie früher häufig waren, nicht mehr vorkommen".

Das waren Wirkungen des Wortes Gottes, Veränderungen durch die Botschaft des Evangeliums und vor allem ein gewaltiger Rettungsplan Gottes für eine Region, für ein Dorf, für eine Familie, für einen einzelnen Menschen.

Und dieser Rettungsplan Gottes setzte sich auch weiter fort in diesem, meinem Heimatdorf.

Es gibt viel zu entdecken, wenn man erkennt, dass wir nicht im luftleeren Raum geboren wurden, sondern hinein in die Geschichte Gottes mit einer Region, einem Dorf, einer Familie. Man mag nun die Familie oder gar die von Gott gesandten besonderen Werkzeuge entweder als eine Art Zwangsbekanntschaft erleben oder aber als das Vaterland des Herzens, immer wird es Grund zum „Lernen" geben und ganz gewiss zur Dankbarkeit.

Nun gibt es neben der Geschichte der Völker, die Gott allein plant, noch die Heilsgeschichte, den Plan der Rettung für eine Region, für eine Familie. Neben einer Familiengeschichte gibt es auch noch eine Geschichte Gottes mit und in der Familie. Gott gestaltet unser Leben. Gott macht Geschichte, auch Familiengeschichte. Und die ist oft eingebettet in eine „große Wolke von Zeugen". Sie ist durch die Jahrhunderte hindurch ein „roter Faden" der Zielplanung Gottes.

Ich möchte in allem freudigen wie schweren und traurigen Erleben die großartige „Vorsorge" und „Fürsorge" Gottes entdecken lernen und erkennen, wie langfristig der Herr der Geschichte plant. Immer wieder sehe ich, wie ich in von ihm längst vorbereitete Verhältnisse komme, wie viel der Herr durch seine Planung auf lange Sicht bereit ist, in ein einzelnes Menschenleben, in mein eigenes Leben, zu investieren.

„Nicht ihr habt mich erwählt, ich habe euch erwählt. Ich habe euch dazu berufen, hinzugehen und Frucht zu tragen, die Bestand hat" (Johannes 15,16).

„Gott, der Vater, hat euch vor langer Zeit erwählet" (1. Petrus 1,2).

# 25. Mächte der Finsternis

Es ist eine Ermutigung und zugleich Gewissheit, von der Kraft des Evangeliums von Jesus Christus zu wissen, zu hören und sie zu erleben. Diese starke Kraft ist das Vermögen Gottes aufgrund seiner einzigartigen Fähigkeit und gleichzeitig das Kennzeichen aller Gotteswirkungen.

Gleichzeitig erleben wir aber auch die Macht des Gegenspieler Gottes, der als öffentlicher Ankläger vor Gott das Recht gegen den Menschen provozierend geltend macht. Er ist zwar ein von Christus Besiegter und verliert dadurch seine Anklägerstellung, aber er ist noch der Fürst dieser Welt mit seinen Machtbereichen, zu denen auch Zauberei, Dämonen und Götzen der Heiden gehören. Diese Bereiche nützt er auch kräftig aus und ist wütend, weil ihm die Gemeinde Jesu Christi aus seinem Machtbereich weggenommen wurde und er nur noch wenig Zeit hat.

Trotzdem hat er „groß Macht und viel List", wie Martin Luther dichtete, und man begegnet seinen Angriffen auf vielfältige Art und Weise.

In meinem damals noch bäuerlich geprägten Heimatdorf gab es im Haus meiner Großmutter eine altpietistische Versammlung. Sie war die „Stundenmutter" und kümmerte sich um die äußeren Belange der Gemeinschaft. Leiter der Versammlung war der Bezirksnotar, der in besonderem Segen wirkte und jedermann vermittelte, dass das Wesentliche des Menschen nicht seine Bildung ist, die nach der Ausbildung rasch zur Einbildung werden kann, sondern der Segen Gottes.

Im Dorf, mit manchen unbändig stolzen Bauern, war leider – wie eine Seuche – das „Reden hinter dem Rücken" groß im Schwange. Es herrschte Verleumdung, vielleicht zunächst als Ungehorsam gegenüber der gepredigten Wahrheit des Evangeliums, später dann, um die Persönlichkeit des Verkündigers zu zerstören. Das waren Metastasen eines Krebsgeschwürs, die sich als unheilbar herausstellten und im Schneeballsystem wuchsen.

Der Bezirksnotar wurde in so gemeiner und hinterhältiger Weise verleumdet, dass er keine andere Möglichkeit mehr für seinen fruchtbaren, gesegneten Dienst sah, als das Dorf zu verlassen und sich in einer anderen Gegend anzusiedeln.

Verleumdung, leider häufig auch von frommen Menschen praktiziert, wurde und wird zur großen Bremse für alles geistliche Leben. Die Folgen im Ort waren schlimm: Die altpietistische Gemeinschaft hörte auf zu bestehen. Wie sagt uns doch die Bibel: „Die Zunge ist ein kleines Glied und richtet große Dinge an. Siehe, ein kleines Feuer, welch einen Wald zündet's an!" (Jakobus 3,5). Verleumdung ist eine äußerst beliebte Methode aus der Trickkiste des Teufels, Verleumdungen sind Krankheiten der Verleumder, die am Körper des Verleumdeten ausbrechen.
Und wie ging die Sache Gottes weiter in unserem Dorf? Wie sagt doch Johann Caspar Lavater: „Wenn Gott einen Baum umhauen lässt, so sorgt er schon dafür, dass seine Vögel auf einem anderen Baum nisten können."
Verschlossene Türen und die Zeit der Unmöglichkeiten schien das dortige Leben zu bestimmen, aber Gott hatte Pläne der Liebe und Rettung. Er sandte zwei kernige Weingärtner, mit deftiger Ausdrucksweise, aus dem Remstal nach Plieningen und schenkte eine Erweckung im Dorf, über die ich schon berichtet habe.
Es gab auch andere Machtbereiche des Satans. Als mein Vater für unsere Familie ein altes Haus kaufte, führte eine drei- oder vierstufige Steintreppe damals zum Hauseingang. Bei der Hausübernahme wurde diese Treppe untersucht und viele eingemauerte Zauberbücher entdeckt. Zwei Körbe voll mit solchen Büchern wurden verbrannt. Überhaupt war in unserem Dorf viel Zauberei getrieben worden. Der Tierarzt des Dorfes, ein eher atheistisch denkender Mensch, wenngleich Tierarzt mit Leib und Seele, sagte einst wörtlich zu meinem Vater: „Wenn im Dorf in einem Stall ein Tier krank wird, holen mich die Bauern als Tierarzt erst, wenn der 'Besprecher' keinen Erfolg zu verzeichnen hatte."
Mein Vater machte als Leiter der Versammlung viele Hausbesuche und dabei geschah einmal in einem mir sehr gut bekannten Haus, in das ich regelmäßig eine evangelistische Zeitschrift brachte, dass eine schwarze Katze vom Fußboden aus direkt auf den Kopf des Vaters sprang, während er – etwa 1.80 m groß – im Stehen betete. Er fegte sie, während des Gebets, mit der Hand kraftvoll auf den Boden zurück und daraufhin wiederholte sich die ganze Geschichte noch einmal. Wieder sprang die Katze mit gewaltigem Satz auf seinen Kopf, wieder schlug er sie nieder. Das Ausrufen des Sieges Jesu beendete dieses Geschehen.

Auch dies ist ein Stück aus dem Repertoire Satans.
Ich denke bei solchen Berichten an einen Ausspruch des bekannten Psychologen Carl Gustav Jung, den man sicher nicht als Christ bezeichnen kann: „Wenn ich irgendetwas in einem halben Jahrhundert ärztlicher Praxis, des Umganges mit den Tiefenschichten der Person, des Menschen, erfahren habe, dann eben dies: das Wissen um die Existenz des Teufels."
Dieser Gegenspieler Gottes, Durcheinanderwerfer, Verführer und Verkläger in einer Person, vergreift sich an dem von Gott geschaffenen Leben oder Sein und beschlagnahmt, wo ihm das gestattet wird, Menschen mit allerhand Tricks und Einschmeichelungen für sich. Selbst wenn man den Teufel überreden könnte, eine eigene Bibel zu schreiben, würde er das noch ganz positiv verpacken und sie vielleicht betiteln: „Du lebst nur einmal."
In meinem Heimatdorf fand wesentlich später im dann neu erbauten Gemeinschaftshaus eine „Woche der Verkündigung" statt. Ein Prediger von außerhalb gab von Abend zu Abend das Evangelium weiter. Auf Grund seiner Ansprachen konnte man annehmen, dass er schon einige Erfahrungen mit okkulten Praktiken in seiner Seelsorge hatte. Der Zulauf zu seinen Veranstaltungen war groß. Als ich an einem Abend dazukam, gab es vor dem Saal einige Aufregung, die ich nicht so schnell einordnen konnte. Ein junger Franzose, dessen deutsche Freundin ihn zu dieser Veranstaltung mitgeschleppt hatte, machte ziemlich Rumor. Das war alles schon im Gange, als ich eintraf. Die Aggressivität dieses jungen Mannes steigerte sich noch und er schlug mit einem Eisenstab auf die Rollläden der Saalfenster ein. Ein junger Besucher der Versammlung, auch noch außerhalb des Saales, packte den Ruhestörer mit seinen kräftigen Armen und warf ihn galant über den Zaun des Anwesens. Das war zwar gut gemeint und trotzdem die total falsche Methode. Danach stieg der junge Franzose wütend auf ein Autodach und schlug mit dem Eisen darauf. Er rannte weiter über eine ganze Reihe von Autos, schlug wahllos zu und beschädigte viele Fahrzeuge. In der Zwischenzeit hatte die Versammlung bereits begonnen, aber manche der spät kommenden Besucher waren sehr beunruhigt. Der Versammlungsleiter bat mich, doch mit den aufgebrachten Menschen zu sprechen und dafür zu sorgen, dass die Versammlung ungestört ihren Fortgang nehmen konnte, zumal der Störer in der Zwischenzeit nochmals mit dem Eisenrohr auf die Rollläden schlug, was natürlich im überfüll-

ten Saal alle hörten, manche mit recht angstvollem Gemüt.
Ich hatte selbst keinerlei Erfahrungen zu dieser Zeit mit okkulten Phänomenen, offen gesagt, ich suchte sie auch nicht, und wusste mir nicht richtig zu helfen, als laut zu rufen, und dies dann sogar mehrfach: „Jesus ist Sieger!“ Daraufhin trat etwas Ruhe ein, die Veranstaltung konnte weitergehen. Gegen Ende des Abends, den ich mangels eines freien Sitzplatzes außerhalb verbrachte, baten mich einige Besucher aus dem Jugendkreis, doch eine Treppe höher zu kommen. Dort traf ich dann den wieder fast rasenden jungen Mann mit seiner total hilflosen Freundin. Er schlug erneut um sich, zog mir mit seiner Eisenstange, als ich abzuwehren versuchte, auch über meine Hand – man kann das heute noch am Knochen fühlen – tobte wie ein Irrer, und ich wusste mir nicht anders zu helfen, als im Namen Jesu dem Satan zu gebieten. Der Mann sackte zusammen und lag wie ein Bündel Elend auf dem Boden, keine Spur mehr von Aggressivität, ein Bild des Erbarmens. Die Dabeistehenden wussten dies alles noch nicht so richtig einzuordnen, ich selbst auch nicht. Im Gespräch ergab sich dann Folgendes: Der junge Mann war in der schwarzen Magie gebunden, hatte sein Leben dem Satan verschrieben. Er konnte den Namen Jesus nicht anrufen, nicht einmal aussprechen. Irgendwie hatte ich auch den Eindruck, dass er gar keine Veränderung seines Zustandes wollte, obwohl seine Freundin Hände ringend bat, doch Gott sein Leben auszuliefern. Immer noch lag er am Boden, stand dann aber plötzlich auf und verließ raschen Schrittes das Haus.
Gerne würde ich Ihnen berichten, dass dieser Mann frei geworden wäre. Ich weiß es nicht, ich habe ihn und seine Freundin weder wiedergesehen noch von ihnen gehört, denn ich hatte auch keine Namen noch Adressen.
Eines wurde mir jedoch deutlich: Der Satan ist auch der Verderber, der ganze Heerscharen von Dämonen in seinen Diensten stehen hat, der große „Kaputtmacher“, wie es einer der großen Prediger einmal ausdrückte. Aber die Gemeinde Jesu ist seinem Machtbereich entnommen. „Zwar geht der Teufel umher wie ein brüllender Löwe und sucht, welchen er verschlinge“ (1. Petrus 5,8), aber es gilt auch: „Dazu ist erschienen der Sohn Gottes, dass er die Werke des Teufels zerstöre“ (1. Johannes 3,8), oder wie es der Schreiber des Hebräerbriefes uns mitteilt: „Christus hat durch seinen Tod dem Teufel die Macht genommen“ (Hebräer 2,14).

# 26. Einflussnahme der Politik

Schon immer habe ich mich für Geschichte interessiert, denn sie ist so vielseitig. Die einen sagen, sie sei ein Bericht über fehlgeschlagene Pläne und enttäuschte Hoffnungen, andere meinen, sie sei die Information über die Macht der Minderheiten oder aber das Gedächtnis der Menschheit.

Bei der Beschäftigung mit der Geschichte der letzten hundert Jahre fällt mir auf: Geschichte wird viel schneller gestaltet, als wir es uns leisten und zumuten können, und es gibt keine von Menschen gesteuerte Regierung, die immer erfolgreich ist.

Ein Beispiel dafür ist auch die Zeit der nationalsozialistischen Herrschaft, die ich noch als Jugendlicher miterlebte.

Beim Nachdenken bleiben manche Fragen offen, auch für einen Zeitzeugen. Wie ist es möglich, intelligente Menschen (man möchte das wenigstens annehmen) mit Engstirnigkeit in den Fanatismus zu treiben?

Als ich 1933 eingeschult wurde, war mein Klassenlehrer ein Kommunist, aber nicht lange, denn man brachte ihn ins so genannte Arbeitslager. Als ich nach vier Jahren „Grundschule" in eine „Oberschule" (Gymnasium) wechseln konnte, war mein Deutschlehrer ein SS-Untersturmführer. Vom NS-System war er natürlich mehr als überzeugt und versuchte, uns 10- bis 12-jährige Schüler zu indoktrinieren. Mit mäßigem Erfolg.

Eines Tages kam er zur ersten Schulstunde mit dem NS-Kurier in der Hand, setzte sich hinter sein Lehrerpult und verkündete mit begeisterter Stimme: „Nun haben sie sie endlich, diese Schweine." Ich bin überzeugt, dass außer mir niemand in der Schulklasse wusste, worüber er sprach. Es wurden nämlich damals einige leitende Brüder der „Rettungsarche Möttlingen", aus dem Ort, in dem einst der bekannte Johann Christoph Blumhardt gewirkt hatte, verhaftet. Man hatte ihnen Dinge zur Last gelegt, die absolut unwahr waren und nachher auch nicht bewiesen werden konnten. Besonderer Anklagepunkt war seinerzeit, dass mit Kranken gebetet wurde.

Da mein Lehrer natürlich die Einstellung meines Elternhauses kannte, war eindeutig, dass diese Information für mich gedacht war. Wer von den 11-jährigen Schülern sonst sollte auch irgendeine Ahnung haben

von den geistlichen Vorgängen in Möttlingen? Es war schon eigenartig, die ideologische Verblendung dieses Lehrers zu erleben. Ich brauche wohl nicht weiter auszuführen, wie sich meine Deutschnoten nach seinem Ausscheiden aus dem Lehrkörper auf wundersame Weise verbesserten. Viele Lehrer waren in ihrem Denken keine Nationalsozialisten.
Aber die herrschende Politik erreichte auch die Kirche und ihre Amtsträger. Bis zum Jahre 1942 war mein Heimatort Dekanatssitz (Superintendur). Der Dekan war ein ausgesprochener Anhänger der so genannten „Deutschen Christen", die absolut hitlertreu agierten. Der Ortspfarrer dagegen war führender Mann in der „Bekennenden Kirche". Konflikte waren vorprogrammiert und wurden nicht zuletzt auch auf der Kirchenkanzel ausgetragen. Da die beiden abwechselnd predigten, konnte es vorkommen, dass der eine mit einigen Lutherbänden seine politische Sicht der Kirche vortrug, der andere dann acht Tage später mit Lutherbänden in den Händen sich dagegen verwahrte.
Interessant wurde es, als der Dekan dem Pfarrer für Versammlungen der „Bekennenden Kirche" die kirchlichen Räume untersagte. Mein Vater stellte als Leiter der damaligen Versammlung daraufhin den Gemeinschaftssaal für solche Treffen der „Bekennenden Kirche" zur Verfügung. Das brachte den durchschlagenden Erfolg, dass sofort die Gestapo auf dem Plan erschien und die Veranstaltungen und auch eine Begegnung von Pfarrern der „Bekennenden Kirche" verbot. Da es eine ganze Reihe mutiger Leute gab, die „Gott mehr gehorchten als den Menschen", eskalierte in Württemberg dieser Kampf nicht so sehr. Tausende von Gläubigen demonstrierten öffentlich vor der Wohnung des von den Nazis zu Hausarrest verurteilten Landesbischofs Theophil Wurm und stimmten mit großer Anteilnahme einen Choral nach dem anderen an. Der damalige „Reichsstatthalter und Gauleiter" wurde zurückgepfiffen. Intern ging der Kampf natürlich weiter und eine ganze Reihe von Pfarrern bekam kein Gehalt mehr, andere teilten dann ihren Lohn, sodass auch dieser „Angriff" der Nazis ins Leere ging.
Wie tief sich aber bei einzelnen Theologen dieses Denken „der Neuen Zeit" mit den Begriffen „Blut, Rasse, Boden" eingebrannt hatte, wurde mir schlagartig deutlich, als eines Tages mein Vater ganz deprimiert von einem Hausbesuch zurückkam. Der oben erwähnte Dekan hatte zwei Kinder, die ich gut kannte. Beide Söhne verloren kurz nacheinander an der Front ihr Leben. Mein Vater wollte gegenüber der Dekansfa-

milie seine Anteilnahme über diesen herben Verlust zum Ausdruck bringen. Er traf nur die Gattin des Dekans an. Als er seine Teilnahme ausgesprochen hatte, fuhr dic Frau meinen Vater an: „Was Teilnahme? Ich bin stolz darauf, meine Söhne dem Führer auf dem Altar des Volkes geopfert zu haben." Als mein Vater darüber berichtete, spürte man ihm noch seine Erschütterung ab. Wie wohl die beiden Gefallenen, deren Gesicht ich heute noch vor Augen habe, darüber denken würden?
In unseren Nachbardörfern, in denen noch ein Jahr vor der Machtergreifung Hitlers Hunderte Mitglieder in der Kommunistischen Partei waren, wählten sie – mit wenigen Ausnahmen, die man an einer Hand abzählen kann – allesamt nachher Hitler. Ich kann das nur mit einem einzigen Wort beschreiben: „Verführung." Marie von Ebner-Eschenbach hat das folgendermaßen definiert: „Du kannst so rasch sinken, dass du zu fliegen meinst." Um es in einem anderen Bilde zu sagen: Das Wort Gottes, und ich meine das ganze Wort Gottes, ist mein Bergführer. Mit ihm gehe ich geführt, auch über schwer einzusehende Routen und höhere Schwierigkeitsgrade. Ohne das Wort Gottes, ohne Bergführer, gehe ich auf eigene Gefahr. Wenn ich von meinem Bergführer nicht geleitet werde, brauche ich mich nicht zu wundern, wenn ich verführt werde.
Diesem Wort kann ich doch mehr an Führungsqualität zutrauen als allen Ideologien dieser Welt. Diesem Wort Gottes kann ich auch mehr zutrauen als all meinen eigenen Gedanken.
„Herr, wohin sollen wir gehen? Du allein hast Worte ewigen Lebens" (Johannes 6,68).
„Nun sagt uns der Heilige Geist ausdrücklich, dass manche sich am Ende der Zeit von dem abwenden werden, was wir glauben; sie werden auf Lügen hören und Lehren folgen, die von Dämonen stammen" (1.Timotheus 4,1).

# 27. Fröhlich leben

Es gibt Leute, die nur ein einziges Instrument blasen: Trübsal! Dies dann allerdings auch nur mit einem langen Ton, diesen dafür aber umso ausdauernder. Es gibt auch fromme Menschen, ich habe welche erlebt, bei denen man in der Familie vor lauter frommem Ernst nur im Keller lachen durfte. Wenn ich die Bibel lese, begegnen mir sehr viele Ausdrücke über Freude, Fröhlichkeit, Jubel, Beglückung. Sind das nicht Eigenschaften, an denen man einen Nachfolger von Jesus erkennen sollte?

Ein hochrangiger Politiker der damaligen Opposition hat über meinen Freund Dr. Horst Waffenschmidt, Parlamentarischer Staatssekretär und inzwischen verstorben, Folgendes gesagt: „Horst Waffenschmidt erkennt man, wo er sich auch aufhält, an seinem fröhlichen, natürlichen und nicht gerade leisen Lachen."

Es ist etwas Besonderes, Menschen mit Humor zu begegnen, Menschen, die auch einmal über sich selbst lachen können. Vielleicht ist der Humor keine Frucht des Geistes, es sei denn, man setzt ihn mit der Freude gleich, aber er ist auf jeden Fall eine Gabe des Herzens, der Sonnenschein des Gemütes. Es gibt manche Menschen, die überhaupt keinen Humor verstehen, die entweder die Fähigkeit nicht haben, heiter zu bleiben, wenn es ernst wird, oder aber zu lange brauchen, bis der Groschen fällt, weil ihre Persönlichkeit vielleicht nicht vollkommen ausbalanciert ist. Denn harmonischer Herzenshumor bewirkt oft Besseres und dunkler Ernst ruft manches Mal nur Widerstand hervor.

„Das Licht des Gerechten brennt fröhlich", zitierte Berta Isselmann, die gesegnete Missionarin.

Im Laufe eines Lebens gibt es viele Gelegenheiten zum Lachen, über sich selbst, auch über das, was ich nicht habe, wenn ich es gerade unbedingt besitzen sollte. Man kann lachen über komische Dinge, die einem anderen zugestoßen sind oder auch über Beobachtungen, die man an seltsamen Zeitgenossen gemacht hat.

Mein Elternhaus war ein offenes Haus für mancherlei Männer und Frauen Gottes, aber auch für kuriose Zaungäste. Ich wundere mich heute noch über die farbige Palette der „Freien-Übernachtungs-Gäste". Einmal war ein besonderer „Vogel" eingeflogen. Als er am kargen Frühstückstisch nicht erschien, suchte man ihn, fand ihn dann aber

nicht in seinem Zimmer. (Das nannten wir Kinder „Prophetenzimmer“, weil wir bemerkt hatten, dass die meisten der Nachtgäste dort viel Zeit mit Beten zubrachten.) Nun, unser besonderer Gast befand sich im kleinen Garten, rings um das Haus herum, und war mit Begeisterung dabei, alle dort vorhandenen Veilchen zu essen, nichts sonst. Das war das Frühstück eines wohl einseitig ausgerichteten Vegetariers.
In meinem „Zimmer“, einem ebenerdigen kleinen Abstellraum, hing ein großes Plakat aus dicker Pappe. In weißen Buchstaben auf schwarzem Grund stand da die nicht unwichtige Frage: „Was würde Jesus dazu sagen?“ Das war schon eine echte Anfrage an uns. Als wir aber den Anlass dieses Plakates erfuhren, mussten wir doch nicht wenig schmunzeln. Ein Freund meines Vaters, ein eifriger Nachfolger von Jesus, hatte es jenem zur Hochzeit geschenkt. Er hatte wohl nicht überdacht, wie man die Aussage im Hinblick auf die Gattenwahl verstehen konnte.
Dann denke ich zum Beispiel an ein mir durch viele Jahre gut bekanntes Ehepaar. Es waren einfache und nicht begüterte Bauersleute. Weil sie sich kein Pferd leisten konnten, fuhren sie noch mit einem Kuhgespann. Sie setzten sich in dem kleinen Wohnort sehr für die Verbreitung des Evangeliums ein. Das kleine Bauernwerk reichte aber nicht zur Lebenshaltung der Familie mit sechs Kindern. Deshalb musste der Vater noch als Waldarbeiter sein Brot verdienen. Diese Doppelbelastung war kräftezehrend und nicht ganz leicht. Trotzdem war ihnen der Bau des Reiches Gottes wichtig. Sie luden mich als Verkündiger einer Jugendwoche ein, als ich 21 Jahre alt war. Da kann ich heute nur feststellen: „Mutig, mutig!“ Als die Bauersleute älter wurden, aber noch voll in der Arbeit standen, gingen sie eines Sonntags über den Friedhof. Der Mann, wahrscheinlich von seiner harten Lebensarbeit müde geworden, sagte angesichts der Gräber zu seiner Frau: „Wenn ich bloß auch schon so weit wäre wie die hier Liegenden!“ Seine Frau, recht aktiv und resolut, parierte diesen Satz umgehend durchaus verständlich in breitem Schwäbisch: „Des täte dir gefalle, du fauler Kerle, naliege ond gar nix mehr due.“ Ich kann heute noch schmunzeln und sagen: „Praktische Seelsorge mit tiefgründigem Humor.“
Manchmal kann man nicht nur bei netten Begebenheiten anderer lachen, man muss zu Zeiten auch selbst eigenartige Situationen mit Humor ertragen. Als Soldat hatte ich durchaus auch „wunderliche“ Vorgesetzte. Es gab hervorragende Offiziere mit Verstand und Augenmaß

und dem Blick für das Wesentliche. Gleichzeitig waren in den unteren Rängen doch auch seltsame „Blüten“ zu finden, Menschen, die sich selbst einbildeten, vollkommen zu sein. Auch war keinerlei Bescheidenheit als Anfang aller Vernunft oder wenigstens als Konsequenz guten Willens zu entdecken.

Mein Hauptwachtmeister in der Batterie war ein solcher Typ. Der für ihn erreichbare militärische Rang verlieh ihm eine vermeintliche Machtfülle, die er bei jeder Gelegenheit auszunützen verstand. Seine Unwissenheit bedeutete noch lange nicht Machtlosigkeit.

Beim Morgenappell, alle Soldaten waren angetreten, stand der Hauptwachtmeister in seiner vollen Bedeutung vor uns. Anscheinend war er gut gelaunt, auf jeden Fall wollte er sich einigen Spaß mit uns erlauben, vielleicht ermutigte ihn dazu das schöne Wetter. Dabei entspann sich ein ganz ungeplanter Dialog mit dem Hauptwachtmeister.

„Na Hänssler, schönes Wetter heute!“

„Jawohl, Herr Hauptwachtmeister.“

„Der Himmel ist grün, Hänssler!“

„Nein, Herr Hauptwachtmeister, der Himmel ist blau!“

„Der Himmel ist grün, Hänssler!“

„Nein, Herr Hauptwachtmeister, der Himmel ist blau!“

„Hänssler, wenn ich sage, der Himmel ist grün, dann ist er auch grün!“

Man konnte schon eine leichte Verärgerung des Vorgesetzten erkennen, denn Widerspruch war keinesfalls erwünscht und den war er auch nicht gewohnt.

„Nein, Herr Hauptwachtmeister, der Himmel ist blau!“

Nicht nur ich, sondern auch meine Kameraden spürten Spannung aufziehen, und wir wurden etwas unruhig, ich natürlich am meisten, fiel mir doch nichts Gescheites als Antwort ein.

„Hänssler, wenn ich Ihnen sage, der Himmel ist grün, dann ist er auch grün, merken Sie sich das ein für alle Mal!“

Da war Dampf unter dem Kessel und ich brauchte eine gute, klärende Antwort, die den kleinen Gernegroß zufrieden stellen würde. Ich weiß nicht, wann mir endlich eine passende Antwort einfiel:

„Entschuldigung, Herr Hauptwachtmeister, aber ich kann die Möglichkeit nicht ausschließen, dass ich farbenblind bin.“

Damit war der Dampf raus, ein möglicher Strafdienst oder Ähnliches verhindert, und ich konnte aufatmen. Ja: „Humor ist, wenn man trotzdem lacht.“ Eine böse Zunge behauptete zwar: „Deutscher Humor ist,

wenn man trotzdem nicht lacht." Die größere Macht, die zwar bestimmt nicht von einem Dienstgrad abhing, war, dass ich über diese Begebenheit kräftig lachen konnte.
1950/51 begann die Jugendarbeit innerhalb des Württembergischen Brüderbundes. Es gab einen harten Kern junger Männer, denen die Weitergabe des Evangeliums ein Herzensanliegen war. Wir gingen in die Dörfer, von Haus zu Haus, luden zu „Offenen Abenden" ein, suchten Freizeitorte, kurzum: Es war Aufbruch angesagt. Einer dieser jungen Männer, er war gar nicht mehr so ganz jung, aber darüber grämten wir uns nicht, war ein sportlicher, drahtiger Typ. Da er bei Sportveranstaltungen auch Schiedsrichter war, hatte er in der Brusttasche seines Sporthemdes fast immer eine Trillerpfeife. Irgendwie passte das zu diesem schlanken, drahtigen Sportler. Ich hatte den Eindruck, dass seine Muskeln auch mit keinem einzigen Gramm Fett gepolstert waren. Bei einer Veranstaltung wurde immer auch von jungen Leuten berichtet, wie Jesus sie gefunden hatte und wie sie den „Schritt über die Linie" erlebt hatten. So wurde das Evangelium aktuell. Die Botschaft vom Hereinbrechen des Evangeliums in diese Welt wurde sichtbar an Menschen. Manchmal erzählten die Teilnehmer der Missionsgruppe eher ausführlich, mir war das gelegentlich zu ausführlich, bisweilen berichteten sie knapper und konkreter. Diese Beiträge, meistens recht spontan, waren immer wieder für eine Überraschung gut.
An einem Abend sollte nun auch unser „Sportsfreund" berichten, wie er zum Glauben gefunden hatte. Er stürmte in die Sporthalle und wie bei einem Leichtathletik-Wettkampf auf die Bühne. Dann strahlte er mit seinen kleinen braunen, verschmitzten Augen die Zuhörer fröhlich an. Er stand einfach etliche Sekunden da, ohne etwas von sich zu geben. Dann sagte er schlicht, aber deutlich: „Halleluja, ich bin glücklich." Ich muss noch hinzufügen, dass er ganz bestimmt kein emotionaler, sondern sehr nüchterner Typ war.
Es war wohl das kürzeste Glaubenszeugnis, das ich je gehört habe, es dauerte nicht einmal so lange wie sein Spurt auf die Hallenbühne, aber es war für alle Zuhörer sehr eindrücklich. Es war echt, wie ich es nach vielen Jahren enger Zusammenarbeit sicher beurteilen kann. Gewiss haben manche der Zuhörer geschmunzelt, aber die Freude durch sein Leben mit Jesus war eindeutig und unverkennbar.
Eigentlich sind Menschen, die Jesus lieben und ihm nachfolgen, die Einzigen, die wirklich Grund zum Freuen, auch Grund zum Lachen ha-

ben. Manchmal können dies auch ganz kleine Dinge sein, über die man sich freuen kann. Die Bibel berichtet uns, dass auch das Lachen seine Zeit hat, ja, dass auch unser Mund voll Lachens sein wird.
Bei wirklich bedeutenden Persönlichkeiten, denen ich begegnete, fiel mir auf, wie sie fröhlich über sich selbst lachen konnten. Wenn jemand nicht mehr über sich selbst lachen kann, kommt schnell die Zeit, in der andere über ihn lachen. Ein Unbekannter formulierte einmal ironisch hintergründig: „Bitte fühl dich frei zu lachen. Es ist schlecht, Gelächter zu unterdrücken, das rutscht nämlich sonst tiefer und bleibt auf den Hüften sitzen." Einer unserer Buben hatte sich einen Zettel an seine Zimmertüre geklebt mit dem Ausspruch: „Wer lächelt, statt zu toben, ist immer der Stärkere."
Bei Kindern findet man Freude, Fröhlichkeit und Humor in der reinsten Form, sie steckten uns oft damit an. Unsere beiden ältesten Buben, beide noch nicht schulpflichtig, durften bei einer lieben Tante ihre Ferientage verbringen. Das war immer eine willkommene Abwechslung und die beiden genossen die besondere Zuwendung, wie sie bei uns für alle sechs Kinder so nicht möglich war. Abends lagen sie in den Betten, erfüllt von den Tagesereignissen und von einem Vorfall, der sich kurz zuvor in unserem Haus ereignet hatte. Wir waren als Familie beieinander, als meine Frau plötzlich im Treppenhaus Schritte hörte. Als ich dann nachforschte, rannten zwei mutmaßliche Diebe im Eiltempo aus dem Haus, unverrichteter Dinge, wie wir dankbar feststellten. Das gab natürlich viel Gesprächsstoff und noch mehr Fragen der kleinen Kinder. Sie sprachen immer nur vom „Stehler" und konnten sich in diese Situation richtig hineinsteigern. Als nun unsere beiden in ihren Ferienbetten vor dem Schlafen noch miteinander beteten, sagte der jüngere unter anderem: „Und lieber Heiland, lass doch keinen Stehler mehr zu uns ins Haus kommen!" Dann folgten noch andere Dinge, die ihm am Herzen lagen. Vielleicht fiel ihm gerade nichts mehr ein, so betete er nochmals: „Und lieber Heiland, lass doch keinen Stehler mehr ins Haus kommen!" Es gab eine kleine Pause und dann setzte er zum dritten Mal an mit seiner Bitte: „Und lass doch keinen Stehler mehr ins Haus kommen", als plötzlich aus dem anderen Bett die Stimme des zwei Jahre älteren Bruders zu hören war: „Bei dir wäre es auch besser, wenn du beten würdest: Ich bin klein, mein Herz mach rein."
Wie sagt doch die Schrift: „Wenn ihr nicht werdet wie die Kinder ..." (Matthäus 18,3).

Echte Freude, Freude, die nie vergeht, ist die Freude an Gott selbst. Er ist es, der unseren „Mund fröhlich macht“ (Psalm 103,5).
„Die Freude am Herrn ist unsere Stärke“ (Nehemia 8,10).
Wir werden so oft im Wort Gottes zur Freude, zur Fröhlichkeit aufgerufen, sollte das nicht deutlich sichtbar aus uns herausstrahlen?
„Fröhlich lass sein in dir, die deinen Namen lieben“ (Psalm 5,12).
„Freuet euch mit den Fröhlichen“ (Römer 12,15).
„Seid allezeit fröhlich“ (1. Thessalonicher 5,16).

# 28. Vollmacht

Als der Zweite Weltkrieg ausbrach, war Frankreich durch seine Nähe ein beliebtes Angriffsziel der deutschen Luftwaffe. Anfänglich blieb alles relativ ruhig, doch nach dem Polenfeldzug änderte sich das schlagartig. Der Flughafen in der Nähe meines Heimatdorfes war belegt mit Flugzeugen der Luftwaffe, und die Bomber starteten von da aus in fast fahrplanmäßigem Turnus. Vom zweiten Stock unseres Wohnhauses aus konnte ich die aufgestapelten Bombenkisten sehen. Aber nicht nur auf dem Flughafen herrschte emsiges Treiben, sondern auch im Dorf selbst. Es war ja durch die Nähe zur „Westfront“ sozusagen die Etappe, und es wimmelte nur von Soldaten.

Es wurden Räume zu ihrer Unterbringung beschlagnahmt, viele wohnten in den Bauernhäusern in einzelnen Zimmern, die unter „freiwilligem Zwang“ für das Militär zur Verfügung gestellt werden mussten. Dies alles ging relativ familiär zu, und die Bauern des Dorfes luden durchaus auch Soldaten außerhalb der Dienstzeit zum „Vesper“ oder „Most“ ein.

Was nun so ein gut vergorener schwäbischer „Most“ so in sich hat, mussten die Soldaten buchstäblich an sich selbst erfahren. So mancher hätte sich den Rat eines alten Mannes zu Herzen nehmen sollen: „Trinke nie zu viel, denn die letzte Flasche, die umfällt, könntest du selber sein!“

An einem Sonntagnachmittag waren wir als Familie im Dorf unterwegs und sahen dort einen Soldaten über die Straße torkeln. Anscheinend hatte er keine Ahnung von der Auswirkung dieses Getränkes, das die Bauern in genügenden Mengen im Keller lagerten. Zudem waren jene recht amüsiert, die Wirkung ihres „Gewächses“ am „lebenden Objekt“ zu sehen.

Als dieser Soldat, der noch von einem nur halb Betrunkenen gestützt wurde, schwankend die Breite der Straße benötigte, war das durchaus ein Schauspiel, das sich viele nicht entgehen lassen wollten. Viele Zuschauer grinsten hämisch, vielleicht war es einigen auch etwas peinlich.

Ich war damals zwölf Jahre alt und erschrak zutiefst, als mein Vater sich von unserer Familie löste, über die Dorfstraße direkt auf den total betrunkenen Soldaten zuging, ihm in die Augen sah und ihm befahl:

„Sie gehen jetzt sofort in Ihr Quartier!" Er sagte auch sonst noch einige Worte, die ich nicht verstehen konnte.
Ich selbst hatte mich sehr geniert über das Verhalten meines Vaters, über sein unbekümmertes Auftreten, und bemerkte sehr wohl in den Blicken mancher Zuschauer, dass sie sich gerne dieses Spektakel noch länger angesehen hätten.
Mir war dieser väterliche Auftritt vor den Dorfbewohnern mehr als peinlich, und ich wäre in diesem Augenblick froh gewesen, nicht zu meiner Familie zu gehören. Aber der Soldat nahm die Worte meines Vaters auch in seinem würdelosen Zustand so ernst, dass er schnurstracks, so als ob er wieder total nüchtern geworden wäre, auf seine Unterkunft zuschritt.
Viel später erst fiel mir auf, mit welcher Selbstverständlichkeit, aber auch mit welcher Vollmacht mein Vater diesem Mann und auch den schaulustigen Dorfbewohnern begegnete, deren „Attraktion" er damit beendete.
Das war Vollmacht aus einem Leben mit dem Wort, mit Jesus Christus. Vollmacht ist übertragene Macht von Gott, auch im Alltag.
„Wenn ihr den Vater um etwas bitten werdet in meinem Namen, wird er's euch geben" (Johannes 16,23).
Paulus drückt das etwas anders aus, indem er von den Lichtern in der Welt schreibt. Und welchen anderen Dienst können wir unserer kaputten Gesellschaft sonst tun? „Als Kinder Gottes sollt ihr ein reines, vorbildliches Leben führen in einer dunklen Welt voller verdorbener und verirrter Menschen, unter denen euer Leben wie ein helles Licht leuchtet" (Philipper 2,15).

# 29. Wunder

Wer aufmerksam sein eigenes Leben beobachtet, kann auch an ganz gewöhnlichen Tagen nur staunen über die vielfachen kleinen und großen Wunder, die sich mit, in und an einem ereignen. Einem Glaubenden braucht man das nicht zu erklären, einem Nicht-Glaubenden kann man das nicht erklären, wenn Gott auf außerordentliche Art und Weise in unsere Welt- und Zeitordnung eingreift.
Vor Jahren war ich auf manche Weise in die Arbeit von Operation Mobilisation, OM genannt, verantwortlich mit eingebunden. Diese junge dynamische Bewegung hat mich durch ihre kompromisslose missionarische Arbeit, die aus einfachsten Verhältnissen heraus entstand, stark beeinflusst. Bei den Konferenzen in Belgien übernachtete man auf dem Fußboden einer Lederfabrik. Einfacher Lebensstil war angesagt. Nicht umsonst hieß eines der damals zu lesenden Bücher „Wahre Jüngerschaft". Auch dieses Buch beeinflusste mein persönliches Leben in der Nachfolge von Jesus Christus.
Geld war meistens kaum vorhanden und so mussten die Einsatzteilnehmer mit alten, mühsam reparierten Autos zu ihren innerdeutschen oder internationalen Einsatzorten transportiert werden. Nicht nur für das Benzingeld musste gebetet werden, sondern auch für das Durchhaltevermögen der Lastwagen. Es gäbe über die Treue Gottes und die „kleinen Wunder" im täglichen Leben viel zu erzählen. Ich müsste auch über das große Engagement junger Menschen berichten, über ihre Hingabe, das Evangelium unter die Menschen zu tragen. Gewiss haben wir manche besorgte, ältere Gemeindeglieder damit etwas überfordert, aber ich denke dabei an ein Wort von Georges Bernanos: „Das Fieber der Jugend erhält die übrige Welt bei Normaltemperatur." Jugend ohne Begeisterung kann ich mir auch nicht vorstellen. Sie will blühen und vorwärtsdrängen in ihrem eigenen Sein.
Es ist erstaunlich, wie viele missionarische Gruppen und Werke durch diese Arbeit entstanden sind und noch bestehen. Wie viele gute Bücher wurden an den Haustüren, bei evangelistischen Einsätzen in Städten und natürlich auf den Schiffen „Doulos" und „Logos" verkauft. Oft hat ein solches Buch wirklich Leben verändert und sinnvoll gemacht, hat es Menschen ermutigt, ihr Leben ganz Gott anzuvertrauen. Ich bin auf jeden Fall heute noch dankbar für diese intensive Zusammenarbeit und

OM weiterhin verbunden. Doch eigentlich wollte ich nicht ein Werk vorstellen, sondern eines meiner vielen Erlebnisse.
An einem Samstag im November, als wir schon längst keinen Salat mehr im eigenen Garten hatten, brachte uns ein lieber langjähriger Freund eine große Kiste mit frischem Salat aus seinem Garten. Nun hat die „Küchenfrage“ für mich gewiss nicht erste Priorität, da verstehe ich viel zu wenig von diesem Metier. Über dieses Überraschungsgeschenk haben meine Frau und ich uns zwar sehr gefreut, aber auch gewundert, denn die Salatmenge überstieg den Wochenbedarf unserer ganzen Familie. Nun, wundern darf man sich ja, ich tat dies auch ausgiebig, auch noch, als der Freund längst wieder abgefahren war. Heute mache ich mir eher Gedanken darüber, ob es Wunder für den gibt, der sich nicht wundern kann.
An jenem Nachmittag, alle Läden hatten schon lange geschlossen, hörte meine Frau die Hausglocke, ich selbst war gerade nicht im Haus. Nachdem sie die Haustür geöffnet hatte, standen da englisch sprechende junge Männer vor ihr und berichteten, dass sie mit einem Lastwagen auf der nahe gelegenen Autobahn stünden, mit einem Motorschaden, der aber nicht sofort behoben werden könnte, da dazu Monteure aus Belgien anreisen müssten. Nun war klar: Es handelte sich um Einsatzteilnehmer von OM, die auf der Fahrt an den Persischen Golf waren.
Ihre Frage, ob sie bei uns übernachten und so lange dableiben könnten, bis der Lastwagen wieder funktionsfähig wäre, bejahte meine Frau. Weil sie etwas unsicher wurde, fragte sie nach der Anzahl der Personen. Die beiden jungen Männer, die nach ihrem Motorschaden die Zentrale von OM in Belgien angerufen und dann unsere Adresse als nächsten „Hilfsposten“ genannt bekommen hatten, antworteten etwas schüchtern: „Achtzehn.“ Das war für ein Privathaus doch eine ziemlich große „Hausnummer“. Aber auf demselben Grundstück befand sich ja auch noch der Hänssler Verlag, und dort gab es für einfachen OM-Standard schon genügend Bodenfläche für Luftmatratzen. Es ging auch alles viel besser, als zunächst befürchtet, und plötzlich wussten wir, was mit der großen Salatkiste geschehen sollte. Wir hätten ja für das Wochenende absolut nichts mehr einkaufen können. Gott hatte vorgesorgt und meinem Freund und seiner Frau den konkreten „Salat-Auftrag“ ins Herz gegeben, dem Büro in Belgien die richtige Adresse in Erinnerung gerufen und meiner Frau die nötige Kraft geschenkt, den

unerwarteten „Ansturm“ zu bewältigen. Es spielte keine große Rolle mehr, dass sich am Montag noch vier Monteure aus Belgien dazugesellten. Ich fand es überaus amüsant, dass einer der OM-Freunde, der zwischen Notenregalen auf dem Fußboden nächtigte, am nächsten Morgen mit Erstaunen feststellte, dass er im Hänssler-Musikverlag gelandet war, bei dem er von USA aus schon Noten bestellt hatte. Frank Fortunato, so sein Name, war Professor für Musik und damals besonders an unserer Ausgabe der Werke von Heinrich Schütz interessiert. Die Einquartierung dauerte einige Tage, bis der Lastwagen wieder funktionsfähig war und die weite Reise fortführen konnte. Die Essensvorräte reichten bis Montag und dann konnte wieder eingekauft werden. Wir hatten übrigens auch eine gute geistliche Gemeinschaft mit unseren OM-Freunden.

Nun könnte man sagen, dass dies doch eine kleinere Angelegenheit war, ob man da gleich von einem „Wunder“ sprechen müsste? Für uns war es ein Wunder, etwas völlig Unerwartetes, so als ob sich die Kausalität ihren Kopf zerbrochen hätte. Uns wurde mal wieder sehr deutlich vor Augen geführt, wie Gott vorbereitete Verhältnisse schafft. Vorbereitete Verhältnisse auch da, wo man sie zunächst nicht versteht. Der Plan Gottes ist nicht nur vorausschauend in Bezug auf die ganze Heilsgeschichte, sondern auch auf die Führung des einzelnen Menschen. Luther benutzt in seiner Übersetzung dazu das Wort: Vorsehung, das Vorausschauen Gottes.

„Aus bedachtem Rat und Vorsehung Gottes“ (Apostelgeschichte 2,23) oder wie es in der Neues-Leben-Übersetzung heißt: „Damit erfüllte sich, was bei Gott lang zuvor beschlossen war.“

# 30. Erweckliche Lieder

Jede Zeit hat ihre Lieder. In Zeiten besonderer Wirkungen der Guten Botschaft von Jesus Christus entstehen auch viele neue Lieder, manchmal erstrahlt ein ganz neuer Liederfrühling.
Das Singen und Musizieren im biblischen Gottesdienst ist ein Teil des Gotteslobes der ganzen Schöpfung, und auch im himmlischen Gottesdienst, den kein Auge gesehen und kein Ohr gehört hat, wird jubiliert. Wenn ich das alles richtig verstehe, dann hat dieses Singen nur ein einziges Thema: „Du, du bist würdig, zu nehmen Preis und Ruhm." Insoweit ist das so genannte „neue Lied" nicht eben neu in der musikalischen Ausdrucksweise, sondern weil es von „neuen Menschen" in einem „neuen Geist" mit einer „neuen Ausrichtung" gesungen wird. Der Inhalt und der Empfänger des „neuen Liedes" ist allein Christus.
Am Anfang der 50er Jahre des 20. Jahrhunderts gab es in einigen Gegenden Deutschlands erweckliche Aufbrüche. Junge Menschen stellten die Frage nach Gott. Es entstanden neue geistliche Lieder, manchmal ganz anonym. Die Jugendtreffen profitierten von dieser neuen Welle erwecklichen Singens. Noten gab es dazu aber noch nicht. Es wurden einzelne vervielfältigte Liedblätter verwendet, später kleine Liedhefte gedruckt mit wenigen Titeln in kleineren Auflagen für bestimmte Jugendtreffen. Die Teilnehmerzahlen stiegen, der Bedarf an Liedern auch, so war es nicht verwunderlich, dass wir intensiv um ein Jugendliederbuch beteten. Das Geld zum Druck hatten wir weder im Verlag noch in unserer Jugendarbeitskasse. Nur der Bedarf war da.
Gebet braucht manchmal schon Wartezeiten. Die waren mir damals viel zu lange. Eines Tages rief dann Dr. Otto Riecker aus Adelshofen an. Dort war gerade ein Aufbruch unter jungen Leuten geschehen, eine kleine Bibelschule entstanden und neue Lieder aufgetaucht. Dr. Otto Riecker berichtete am Telefon, dass sich bei ihnen eine Reihe neuer erwecklicher Lieder entwickelt hätte und sie diese gerne weiter verbreiten wollten. Ich konnte ihm gleich am Telefon antworten, dass ich auch eine gute Anzahl neuer und bewährter Lieder besäße, die wir gerne veröffentlichen wollten. Wir verabredeten uns zu einem Gespräch in Heidelberg, um Möglichkeiten des Zusammenwirkens herauszufinden. Es ging ja auch um eine vierstimmige Notenausgabe. Mein Vater schrieb damals viele musikalische Sätze und sollte deshalb unbedingt

bei diesem Gespräch dabei sein. Noch ahnten wir nicht, dass dieses Zusammentreffen im Krankenhaus stattfinden würde.
Als ich dort Dr. Riecker sah, war mein erster Gedanke: „Der lebt auch nicht mehr lange“, so schwer krank erschien er mir. Doch ich irrte mich, denn Dr. Riecker wurde über 90 Jahre alt. Ich musste neu lernen, dass man nicht an einer Krankheit, sondern nach dem Plan Gottes und seinem Willen stirbt.
Diese Begegnung hatte ihre Folgen und große Auswirkungen gar.
Zunächst wurde ein kleines Textheft mit dem für die damalige Bewegung bezeichnenden Titel „Jesu Sieg ist unumstößlich“ hergestellt.
Das erste Notenbuch dazu mit dem Titel „Jesu Name nie verklinget“ erschien als graue Ausgabe, bald darauf aber in dem für das Buch so typischen blauen Plastikeinband.
Das Titellied war von einem norwegischen Heilsarmeekapitän nach Psalm 72,17 gedichtet und mit einer Zulu-Melodie versehen worden. Der bekannte Pastor Wilhelm Busch hatte es aus Norwegen nach Deutschland gebracht.
Es war ein einmaliges Erlebnis mitzuerleben, wie sich dieses Liederbuch in den verschiedenen Kreisen verbreitete, wie es, obwohl in deutscher Sprache verfasst, doch in viele Länder der Erde gelangte. Zehntausende konnten auf oft verschlungenen Wegen hinter den „Eisernen Vorhang“ transportiert werden. Es war einfach Gottes Zeit, und die ist bekanntlich immer die beste Zeit. Hunderttausende von Exemplaren wurden eifrig benutzt, viele bis zum heutigen Tage.
Niemand hatte erwartet, dass nach dem ersten Band im Laufe der Jahre noch fünf weitere Bände erscheinen sollten, die das Singen stark beeinflussten. Das war für unsere Jugendarbeit, für viele missionarische Gruppierungen und Bewegungen ein großer Segen.
Es ist mir von Gott aber bei keiner anderen Verlagsausgabe so deutlich gezeigt worden, dass es sein Wirken ist, seine Zeitplanung, sein Geschenk. Auch mit der allerbesten Verlagswerbung wäre eine so weit reichende Verbreitung nicht möglich gewesen. Es war Gottes Wirken und der Anfang einer großen Segensgeschichte.
Natürlich gab es auch Widerstand gegen diese erwecklichen Lieder, die ja nur als Ergänzung zu den alten, gut bewährten Chorälen und Glaubensliedern gedacht waren. Manche sahen dieses Buch als den Untergang der Musikkultur. Ich, der ich die Musik eines Johann Sebastian Bachs überaus liebe, konnte im Lehrbeispiel erfahren, dass Gott die

Lieder, auch den Typus von Liedern, die er segnen möchte, immer selbst heraussucht. Es war durchaus ein Lernprozess für mich.
Oft werden wir in der Bibel zum Singen aufgefordert und David sagt uns: „Ich will singen und Lob sagen dem Herrn“ (Psalm 27,6).
Paulus zitiert die Psalmen, wenn er schreibt: „Ich will dich preisen unter den Völkern; ich will deinem Namen Loblieder singen“ (Römer 15,9).

# 31. Bewahrung

Während ich diese Zeilen schreibe, sind die Zeitungen gefüllt mit Erinnerungen an das Kriegsende vor 60 Jahren. Oft allerdings scheinen Erinnerungen nur ein halb geglückter Versuch zu sein, zumal sich auch das, was in uns an Vergangenem lebt, dauernd ändert.
Wollte ich meine eigenen Kriegserlebnisse aufschreiben, würde das bereits einen stattlichen Band ergeben. Vielleicht wäre manches - in der Rückschau nach Jahrzehnten - auch leicht, wenn auch unbeabsichtigt, gefärbt. Manche schreckliche Bilder haben sich unauslöschlich in mein Gedächtnis gegraben. Ich denke zum Beispiel an viele Bombenangriffe, ans Ausgraben von Toten, an den Verlust von nahe stehenden Kameraden und viel Ungerechtigkeit auf allen Seiten.
Erinnerung ist nicht nur ein fortschreitender Kampf mit der Zeit, Erinnerung bedeutet auch: auswählen. Genau das möchte ich jetzt tun.
Wenn man aus einem Krieg zurückkehrt, der insgesamt etwa 55 Millionen Tote gefordert hat und den man gar nicht wollte, dann erfüllt mich schon allein die Tatsache der Bewahrung mit großer Dankbarkeit. Im Danken bekommt für mich die Welt ein anderes Gesicht. Damit ehre ich den Schöpfer und Erhalter für seine großartige Lebensplanung. Dankbarkeit ist ganz sicher das Gedächtnis unseres Herzens und gleichzeitig auch ein Maßstab für unsere Gottesnähe oder aber Gottesferne.
Dankbarkeit erfüllt mich angesichts der Tatsache, dass ich während eines schweren Bombenangriffes mit sehr nahen Bombeneinschlägen im Lazarett operiert wurde. Wegen einer Blutvergiftung musste mein rechter Arm, um ihn zu retten, nochmals operiert werden. Wie dankbar bin ich den Militärärzten, dass sie trotz der Gefahr die Operation nicht abgebrochen haben und ich noch heute mit Freude und Lust Klavier spielen kann. „Das ist ein köstlich Ding, dem Herrn danken und lobsingen" (Psalm 92,2).
Ein aufregendes Erlebnis hatte ich während eines Nachtangriffes einer britischen Bomberflotte. Durch Bombenabwürfe wurde in einem Industriegebiet der Großstadt vieles zerstört. Es gab ein richtiges Flammenmeer, besonders begünstigt durch eine in Brand geratene Lackfabrik. Der flüssige Lack verbreitete sich auf einer größeren Bodenfläche und die Flammen schlugen lichterloh gen Himmel. Noch nie zuvor hatte

ich erlebt, wie solch eine Flammenwand so viel Luft ansaugt, dass ein richtiger Sturm entsteht, wie bei einem starken Gewitter. Man sprach damals von einem „Feuersturm". Während dieses Angriffes wurden einige Flugzeuge des britischen Bomberverbandes von der Luftabwehr abgeschossen. Einige der Piloten hätten sich mit ihren Fallschirmen noch retten können, ich sah sie herunterschweben, gespenstisch beleuchtet durch die am Boden wütenden Brände. Der Feuersturm machte dem schnell ein Ende und zog durch seine starke Sogkraft die an den Fallschirmen hängenden englischen Soldaten in diese brennende Fläche hinein.

Ich höre noch heute ihr Rufen: „Help, help!" Aber da war nicht mehr zu helfen. Man kann so etwas nie mehr vergessen, auch nicht verdrängen. Wir alle waren erschüttert, obwohl es ja „offiziell" unsere Feinde waren, die gerade eine Großstadt zerstört hatten. Dem Tode gegenüber waren wir ratlos. Der menschlichen Tragödie gegenüber erwiesen wir uns hilflos. Heute weiß ich, dass auch der Tod ein Teil des Lebens ist. Aber nicht als ein Schlusspunkt, sondern eher als der Doppelpunkt, auf jeden Fall nicht als Fragezeichen. In der Grammatik heißt dies: „Der Satz geht weiter." Als Glaubender weiß ich: Der Tod ist nicht der Abschluss des Daseins, sondern nur ein Zwischenstadium. Die Kreuzigung von Jesus Christus und seine Auferstehung sind die beiden wichtigsten Ereignisse in meinem Leben.

„Jesus spricht: Ich bin die Auferstehung und das Leben. Wer an mich glaubt, der wird leben, ob er gleich stürbe; und wer da lebt und glaubt an mich, der wird nimmermehr sterben" (Johannes 11,25-26).

Noch ein anderes, mich prägendes Erlebnis möchte ich hier erzählen, auch wenn es kein besonderes Ruhmesblatt für mich ist. Gegen Ende des Krieges wurden wir als Reserveoffiziersbewerber noch eingesetzt, um als Gruppenleiter sozusagen das „letzte Aufgebot" an Soldaten zu schulen, besser gesagt: zu drillen. Dabei hätte ich selbst Ausbildung nötig gehabt.

An einem Tage übten wir im Gelände, und ich musste meiner Gruppe den Gebrauch des „Sturmgewehrs 42" erklären. Dieses Sturmgewehr ähnelte der russischen Kalaschnikow. Es war relativ robust gebaut, einfach zu bedienen und konnte einzelne Schüsse, aber auch „Dauerfeuer" abgeben. Ich hatte zum Unterricht im Halbkreis eine Gruppe von Soldaten um mich versammelt. Einen der Soldaten forderte ich auf, er solle mir sein Gewehr geben, da ich dessen Gebrauch demonstrieren wolle. Der trat nach vorne und überreichte mir das Gewehr. Während ich schon mit den Erklärungen begann – ich hatte das Gewehr in Brusthöhe schräg nach oben gerichtet – wollte ich testen, ob der Soldat es befehlsgemäß auch gesichert hatte. Ich drückte den Abzug, und ehe ich mich versah, hatten sich schon fünf oder sechs scharfe Schüsse gelöst. Scharf über den Köpfen der mich umgebenden Soldaten hinweg. Das war ein Schreck für mich, aber auch für meine Vorgesetzten. Die Schüsse trafen nur knapp vorbei. Es war keine Übungsmunition, sondern es waren scharfe Patronen gewesen.

Was war geschehen? Ich hatte als Ausbilder vergessen, dass der Soldat mir bei der Übergabe des Gewehres hätte melden müssen: „Gewehr geladen und gesichert!" oder: „Gewehr geladen, nicht gesichert!" Ich hatte in diesem Moment einfach nicht daran gedacht und der Soldat auch nicht. Als ich dann prüfen wollte, ob der Soldat an seinem Gewehr auch alles richtig gemacht hatte, lösten sich die Schüsse. Wie leicht hätten sie für einige der Umstehenden oder andere auf dem Gelände tödlich werden können.

Es gab natürlich „Theater" wegen meiner Nachlässigkeit, und ich selbst war wirklich zutiefst erschrocken. Die Vorgesetzten leiteten gegen mich allerdings keine Strafmaßnahmen ein, was mich sehr wunderte. Man war kurz vor dem Ende des Krieges etwas „großzügiger" im Schusswaffengebrauch geworden, und der Aufbruch an die Front stand bevor.

Welch eine Bewahrung, ganz unverdiente Bewahrung, trotz meines folgenreichen Versäumnisses. Im damaligen militärischen Sprachgebrauch hieß das: „Vergehen gegen die Dienstvorschrift" und „Kameradengefährdung".

Sie werden verstehen, wie dankbar ich für Gottes Eingreifen war, dass die Schüsse Zentimeter über die Köpfe rauschten. Gott ist „gnädig und barmherzig, geduldig und von großer Güte", für mich ein großes Wunder. Die Dankbarkeit für solch bewahrendes Eingreifen ist ganz sicher nicht an einem einzigen Tag abzuarbeiten.

„Wer Dank opfert, der preiset mich, und da ist der Weg, dass ich ihm zeige mein Heil" (Psalm 50,23).

„Ich danke dem Herrn von ganzem Herzen und erzähle alle deine Wunder" (Psalm 9,2).

# 32. Der Urgroßvater

Mein Urgroßvater wuchs im Umfeld der Erweckung durch Johann Christoph Blumhardt auf. Sein Beruf als Korbmacher führte ihn von Bad Boll nach Plieningen. Seine Qualitätsarbeit war sprichwörtlich und in den Stuttgarter Fachgeschäften bekannt. Er verheiratete sich in Plieningen, acht Kinder wurden den Eltern geschenkt, dann verstarb seine Frau. Johannes Calvin hat es erlebt und bezeugt: „Nichts tröstet mächtiger als die Gewissheit, mitten im Elend von der Liebe Gottes umgeben zu sein." Als die Mutter starb, war das älteste der acht Kinder gerade 16 Jahre alt. Die Familie brauchte dringend eine neue Mutter.

Es ist bewegend, wie der in einfachsten Verhältnissen lebende Urgroßvater in einem Brief um seine zweite Frau zärtlich warb. Er fand dann in Pauline, geborene Schweizer, eine gute Mutter für seine Kinder, die dann zu den acht bereits vorhandenen Sprösslingen ihrem Mann noch sechs weitere gebar. Durch die zweite Frau, eine Lehrerstochter von der Schwäbischen Alb, nahm die Familie eine neue Entwicklung. War seither die Familie Glied der Evangelischen Landeskirche in Württemberg, entstand nun Kontakt zu einer bisher im Lande wenig vertretenen Freikirche. Der Urgroßvater wurde Baptist. In seinem Hause fanden die Versammlungen einer abgesplitterten Gruppe der Stuttgarter Gemeinde statt.

Als Bub hörte ich durch die geöffneten Fenster das Singen der Versammlung an den Sonntagen, die auf der schräg gegenüberliegenden Hauptstraße im urgroßväterlichen Haus stattfand. Dürftig wurde der Gesang von einem Harmonium begleitet und war auch nicht sehr erhebend und ganz sicher an Langsamkeit nicht mehr zu überbieten. Manchmal klingt die menschliche Stimme eben doch reizvoller, wenn sie gar nicht singt.

Theologisch bewegte sich diese Gruppierung – im Baptismus sonst eigentlich nicht üblich – in den Gedanken der Allversöhnungslehre. Das brachte Probleme in die Familie und führte im Verlauf von Jahren dazu, dass viele der 14 Kinder entweder in der evangelischen Landeskirche verblieben oder durch ihre Frauen wieder zur Landeskirche zurückfanden, weil sie jene theologische Linie nicht vertreten konnten und wollten.

Wenn ich sage, der Urgroßvater war Baptist, dann ist das noch sachte ausgedrückt: Er war strenger Baptist. So wurde berichtet, dass er bei der Konfirmation einiger Enkel die Kirche nicht betreten hat. Als – wie das auf dem Dorf allgemein üblich war – der Konfirmand in die verschiedenen Familien als Dank für erhaltene Geschenke ein Stück „Hefezopf" brachte, lehnte er dieses mit dem Ausspruch: „Das ist Götzenopferfleisch", radikal ab.
Die Behauptung „In der Familie ist die Frau die Regierung, der Mann das Volk, und die Kinder sind die Opposition" galt ganz sicher nicht für die urgroßväterliche Familie. Da gab es das Problem der modernen Familie, in der jeder die „Hosen anhat", nicht. Der Urgroßvater war im positiven Sinne des Wortes ein Patriarch, sein wallender Bart unterstrich noch diese Stellung. Er war eine ehrwürdige Persönlichkeit, sehr streng, manchmal auch zu streng. Er hielt viel auf Zucht und Ordnung. Vielleicht kannte er Johann Albrecht Bengels Ausspruch (der war viele Jahre Klosterpräzeptor und Schriftforscher im benachbarten Denkendorf): „Gott verzärtelt die Seinen nicht, sondern übt sie."
Mein Urgroßvater war eine geistliche Persönlichkeit, er pflegte auch geistliche Familiengemeinschaft. Er und viele seiner Kinder lebten ein Leben mit der Bibel. Beim Körbeflechten, einer vielfach mechanischen Arbeit, lag die Bibel meist auf den Knien. Die Hände flochten Körbe, und der Geist machte sich Gedanken über die Schrift.
Gewiss können wir Menschen von heute vieles nicht mehr nachvollziehen vom damaligen armen, einfachen Leben, von der harten Erziehung. Es kam zum Beispiel vor, dass nach dem samstäglichen Bad der Großfamilie eins der Kinder über zwei Straßen geschickt wurde, damit die in einem anderen Haus wohnenden sieben Enkel auch noch zum Baden kommen sollten. Das Kind musste mitteilen: „Das Wasser im Badezuber ist noch warm."
Es mutet uns heute wie ein Relikt aus alten Tagen an, wenn vom Urgroßvater berichtet wird, dass er einen seiner Söhne, der einem Tropfen Alkohol nicht abgeneigt war, mit dem Stock aus dem „Wirtshaus" trieb. Der Sohn war damals verheiratet und etwa 40 Jahre alt.
Rückblickend ist es bei einer so großen Familie erstaunlich, welch gute „Erziehungsresultate" dabei erzielt wurden. Kinder werden eben doch vorwiegend durch das erzogen, was der Erwachsene ist, und

weniger durch das, was er sagt. Ich denke, ein großer Teil Erziehungsarbeit wurde im Gebet geleistet. Nur von daher ist es zu verstehen, dass eigentlich alle der Kinder eine persönliche Beziehung zu Jesus Christus hatten, soweit man dies nach dieser längst vergangenen Zeit überhaupt noch beurteilen kann. Auf jeden Fall machen Beispiele Lust, Befehle eher nicht. Denn Kinder wollen nicht belehrt, sondern geführt sein.

Vielleicht – so wenigstens dachte ich – kam die strenge, wiewohl gerechte Art der Urgroßeltern auch daher, dass es nicht einfach war, in einem traditionell fast rein evangelisch (landeskirchlich) geprägten Dorf als einzige Baptistenfamilie zu leben. (Im letzten Drittel des 19. Jahrhunderts hatte Plieningen etwa 2700 Einwohner, darunter einen Katholiken).

Ein Bild drängt sich mir beim Rückblick auf die Großfamilie auf: Die Familie gleicht einem Orchester, in dem jedes Instrument seine eigene, besondere Aufgabe hat. Die Kraft und Schönheit des Klanges in der Aufführung kommen daher, dass sich die Virtuosität des einzelnen Musikers und seiner persönlichen Ambitionen der Klangbalance und Gesamtharmonie unterordnet.

Im Rückblick fällt mir noch ein Zitat eines mir unbekannten Gottesmannes und Familienvaters ein, das hierher passt: „Meine Autorität in meiner Familie zu Hause ist exakt proportional zu dem, was ich frisch von Gott an diesem Tag erhalten habe. Ich muss gar nicht über Autorität reden. Es ist eine himmlische Aura, wenn Väter Gott begegnen. Wenn ich mich zurückziehe von Gott, fällt das ganze Zuhause zusammen."

Etwa zwei Jahrzehnte nach dem Tode des Urgroßvaters wurde die Baptistenversammlung in Plieningen aufgelöst. Fast alle noch im Ort wohnenden Kinder besuchten die inzwischen neu entstandene neupietistische Versammlung.

Wir werden nicht im luftleeren Raum geboren, sondern in eine Familie hinein. Und es gibt neben der Familiengeschichte eben auch eine Geschichte Gottes mit der Familie.

Die Bibel sagt uns sehr direkt, dass wir Vater und Mutter ehren sollen. Jesus nimmt dies vom Alten Testament auf und wiederholt es: „Du sollst Vater und Mutter ehren" (Matthäus 15,4).

Und Paulus bedauert bei den Korinthern, es gäbe so viele „Zuchtmeister" und so wenige „Väter" in Christus (1. Korinther 4,15).

# 33. Der Vater

Ein Menschenleben wird durch vieles geprägt. Die Familie, das Umfeld, einzelne Menschen drücken ihren Stempel auf und beeinflussen uns viel stärker, als wir das wahrnehmen. Natürlich spielt das Elternhaus dabei eine große Rolle.
Als Beilage zu seinem „Testament“ schrieb mein Vater einen kurzen Lebensabriss, den ich nun immer wieder zitieren kann. Er verfasste ihn für seine Kinder, Enkel und Verlagsmitarbeiter. Als Überschrift wählte er den Liedrefrain: „Nichts hab ich zu bringen, alles, Herr bist du.“
Sein Konfirmationsspruch, der so sehr auf seine persönliche Situation passte, war aus Sirach 11,20-21: „Bleibe in Gottes Wort und übe dich darin, beharre in deinem Beruf und vertraue Gott, ... denn es ist dem Herrn leicht, einen Armen reich zu machen.“
Nun lassen wir ihn selbst erzählen:
„Da ist nichts Außergewöhnliches zu berichten ..., um es gleich vorwegzunehmen: Es ist eine Kette von Wundern, die ich bis jetzt erlebt habe ... Als Sohn armer Eltern, mein Vater war Korbmacher, konnte ich nur die Volksschule besuchen. Geboren bin ich am 12. Juli 1892. Vom siebten Lebensjahr an musste ich meinem Vater helfen, Körbe zu flechten. Der Verdienst war sehr gering. Wir waren sieben Kinder. Mein Vater war immer kränklich, so mussten wir Kinder schon von Jugend auf mitarbeiten. Auch meine liebe Mutter ... hat täglich, fast über ihre Kraft, mithelfen müssen. Wir wohnten in einem ganz kleinen Anbauhäuschen. Der Durchgang war zugleich die Küche. Der Arbeitsraum, etwa 10 qm groß, diente auch als Wohn- und Schlafstube. Später mieteten dann meine Eltern eine größere Wohnung, in der dann der Arbeitsraum für sich (separat) war. In meinem achten Lebensjahr wurde mein Vater schwer krank. Er hatte so starke Magenblutungen, dass man mit seinem Ableben rechnen musste. Doch er erholte sich wieder. Trotz aller Aussichtslosigkeit kaufte mein Vater später ein eigenes Haus, ganz auf Schulden. In meinem 16. Lebensjahr starb mein lieber Vater, nachdem er noch acht Wochen im Krankenhaus gelegen hatte. Da brach dann die Not bergehoch über uns herein. Mein Vater war in keiner Krankenversicherung – und dann belasteten uns noch die Schulden vom Haus. Trotz innerer und äuße-

rer Not musste ich von da an das Geschäft alleine weiterführen, obwohl ich keine Prüfung mehr machen konnte und auch noch die verwaiste Vaterstelle auszufüllen hatte. Diese Not trieb mich dann zum Herrn, und er erhörte mein Schreien."

So weit der persönliche Bericht. In der Tat war der Tod seines Vaters für ihn ein einschneidendes Erleben. Am Grab des Vaters, umgeben von Trauer und Hoffnungslosigkeit, war die Stunde seiner Bekehrung gekommen und gleichzeitig auch die seiner Berufung und Begabung für die kommenden Aufgaben. Als Beispiel möge seine Musikalität dienen. Als Schulbub war er vom Musiklehrer mehrfach beim Musikunterricht vor die Tür gestellt worden. Sein begabter Lehrer äußerte sich: „Hänssler, du verdirbst mir den ganzen Chor!" Nachdem mein Vater dem Guten Hirten sein ganzes Leben anvertraut hatte, war wirklich alles anders geworden. Er schrieb Kompositionen mit einer Leichtigkeit wie andere Leute einen Brief. Dankbar war er für die Unterstützung durch einen Lehrer und den damaligen Leiter der Versammlung. Er berichtete darüber: „Im CVJM und in der Gemeinschaftsstunde ... fand ich Trost und Zuversicht und täglich neuen Mut. Ich durfte im Posaunenchor mitwirken und spielte dort bald alle Instrumente. Dann studierte ich (neben der Korbmacherarbeit) als Autodidakt 'Allgemeine Musiklehre', später 'Harmonielehre', 'Kontrapunkt' und 'Formenlehre'. Alle Bücher dazu hatte ich auf wunderbare Weise kostenlos erhalten. Am Anfang war es sehr schwer, hinter die Geheimnisse der Musik zu kommen. Ich wurde über dem vielen Studieren – und daneben der strengen Arbeit – krank."[Ich sehe heute noch den ganz krummen Daumen meines Vaters vor mir, den die schwere Handarbeit so verformt hatte.]

„Ich konnte etwa ein halbes Jahr überhaupt nicht mehr arbeiten und auch nicht mehr studieren. Doch der Herr richtete mich wieder auf. Es blieb mir aber ein starker Herzfehler, sodass ich nicht Soldat werden konnte. Nach meiner Genesung kaufte ich mir ein altes Tafelklavier für 27 Reichsmark und lernte Klavierspielen. Das Klavier musste ich zuerst reparieren, da die meisten Hämmerchen kaputt waren, und dann auch selbst stimmen. Zur Bezahlung eines Fachmannes hätte ich kein Geld mehr gehabt, musste ich doch sogar meine eigene Trompete deshalb verkaufen, sodass es zu dem Instrument gereicht hat. Eine alte Klavierschule und einige Liederbücher bekam ich so nach und nach geschenkt.

Mit der Gründung einer Versammlung entstand auch ein gemischter Chor, dessen Leiter ich war. Im Jahr 1915 heiratete ich meine beste Sängerin: Anna Leitenberger. Die glückliche Ehe dauerte leider nur drei Jahre. Im Jahr 1918 starb meine Frau an der so genannten asiatischen Grippe. Einige Monate zuvor war unser erstes Kind zweijährig an Hirnhautentzündung gestorben. Auch mein lieber Bruder Otto, der mir im Geschäft und im Singchor treu zur Seite stand, fiel im selben Jahr an der Westfront.

Das waren schwere Schläge für mich. Ich will nicht sagen, dass ich mich gegen Gott aufgelehnt hätte, aber ich konnte Gottes Wege nicht mehr verstehen. Es ging mir wie in dem damals von mir vertonten Lied: ‚Gottes Wege sind oft dunkel, überschattet von der Nacht', in dem es am Schluss heißt: ‚Gottes wunderbare Gnade wandelt sie in Herrlichkeit'. Ich durfte mich zum Glaubensdennoch des 73. Psalms durchringen (Psalm 73,21-28)."

Als Sohn fällt mir auf, dass gerade diese schweren Erlebnisse eine Fülle von Liedern entstehen ließen. Es waren Lieder, die von der Ewigkeit handelten, gerade so, als ob es Gottes Hilfsprogramm sei, sich auf die Seite der Kleinen, Bedrängten und Schwachen zu stellen. Manche Lieder entstanden spontan auf Grund von tief greifenden Ereignissen. Als meines Vaters bester Freund als Matrose mit seinem Kriegsschiff unterging, schrieb er die große Motette „Auch das Meer gibt seine Toten wieder". Alle Lieder dieser Zeit atmen einen tiefen Bezug zur himmlischen Herrlichkeit. Ich möchte nur einige wenige Titel nennen:

„Droben im Lichte, da wird es einst tagen."

„Ich möchte heim, mich zieht's zum Vaterhause."

„Wer weist den Weg nach der oberen Stadt."

„Heimat im Lichte dort."

„In meines Jesu Hände" mit dem Vers "Geht's auch durch Dorn und Dunkel" und dem Refrain „Drum weiß ich, umso schöner wird's droben einmal sein, wenn ich zu deinen Toren Jerusalem zieh ein."

Auch noch viele andere, ähnliche Lieder entstanden in dieser Zeit. Es schien, als ob das Ewige das einzig Gewisse war. Dies schuf die große innere und äußere Veränderung in seinem Leben. Trotz aller Not resignierte „der neue Mensch" nicht.

Die Veränderung wirkte sich aber auch in seinem Berufsleben aus. Nachdem mein Vater schon eine Reihe seiner Kompositionen bei verschiedenen Verlagen veröffentlicht hatte, überlebten alle diese Verlage den 1. Weltkrieg nicht und neue Möglichkeiten waren erforderlich. Er schrieb darüber: „Im April 1919 versuchte ich einige meiner ersten Kompositionen selbst drucken zu lassen. Dazu gehörte das Lied 'Auf Adlers Flügeln getragen übers brausende Meer der Zeit, getragen auf Adlers Flügeln bis hinein in die Ewigkeit', gedichtet von Anni von Viebahn. Mit Hilfe von Freunden konnten schon in den ersten Monaten etwa 25 000 bis 30 000 Exemplare verkauft werden. Es folgten dann die Liederhefte 'Liederbrünnlein', 'Heimatklänge', 'Heilig dem Herrn', 'Meisterchöre' usw."

In der Tat war die Komposition „Auf Adlers Flügeln getragen" der Grundstein der beginnenden Verlagsarbeit. Die Uraufführung des Werkes fand bei einer Freiversammlung auf der Wiese statt, auf der heute das Gemeinschaftshaus steht. Tausende von Chören sind im Laufe der Jahre auf dieses Lied direkt angesprungen. Es wurde in viele Sprachen übersetzt und veröffentlicht - in Russisch, Ungarisch, Polnisch, Slowenisch, um nur einige zu nennen. Noch heute wird es vielfach gesungen und häufig als Liedwunsch genannt. Die Choraufnahme auf CD gehört noch immer zu den bestverkauften des Hänssler Verlages.

Mein Vater fasste dies alles als Geschenk auf. Im ersten veröffentlichten Liederheft war zu lesen: „Mögen diese mir von Gott geschenkten Lieder vielen zum Segen werden."

Das erste Lied, das in diesem Heft gedruckt wurde, gibt die Zielsetzung seines musikalischen Wirkens vor. Der vertonte Text lautet: „Dich preisen will ich, Herr, durch meine Lieder."

Weil er um dieses Ziel wusste, konnte er auch den Weg dorthin gehen. Novalis hat das einmal so ausgedrückt: „Wo gehen wir denn hin? Immer nach Hause."

So entstand aus einfachsten, ja manchmal primitiven Anfängen der Hänssler Verlag. Einfachheit und Bescheidenheit als Resultat der Reife, als Mut zum Wesentlichen, als Demut vor Gott oder als Folge der Not? Im Staunen über die gnädige Führung Gottes im Leben meines Vaters, über die noch weiter zu berichten wäre, fällt mir ein Liedvers von Albert Knapp ein, der es so ausdrückte:

Heiland, deine größten Dinge
beginnest du still und geringe.
Was sind wir Armen, Herr, vor dir?

Aber du wirst für uns streiten
und uns mit deinen Augen leiten;
auf deine Kraft vertrauen wir.
Dein Senfkorn, arm und klein,
wächst endlich ohne Schein
doch zum Baume,
weil du, Herr Christ,
sein Hüter bist,
dem es von Gott vertrauet ist.

Paulus hat das in folgenden Worten gesagt: „Gott hat das Schwache erwählt, um das Starke zu erniedrigen. Er hat das erwählt, was von der Welt verachtet und gering geschätzt wird, und es eingesetzt, um das zunichte zu machen, was in der Welt wichtig ist, damit kein Mensch sich je vor Gott rühmen kann" (1. Korinther 1,27-29).

# 34. Der Onkel

Mein Onkel Gottlob war, wie viele aus der Verwandtschaft, auch Korbmachermeister. Da er in seinen Flechtarbeiten ausgezeichnete Qualität erreichte, wurde er zum Innungsmeister ernannt. Sechs Kinder wurden ihm und seiner Frau Luise geschenkt.

Als Jugendlicher hatte er sich lange Zeit dem Evangelium gegenüber taub gestellt. Das bereits erwähnte Erlebnis mit seinem jüngeren Bruder Christian ließ ihn ernsthaft aufhorchen. Es kam, neben dem Wort Gottes, das er regelmäßig in der Familiengemeinschaft hörte, noch ein zweiter, sogar recht ungewöhnlicher Anstoß dazu.

Als er eines Tages auf dem Möhringer Bahnhof auf den „Filderzug" wartete – man sprach damals vom „Sauerkraut-Express" – trat eine Wahrsagerin auf Kundensuche an ihn heran. Er selbst hatte keinerlei Interesse an ihrer schwarzen Kunst. Trotzdem war er total perplex, als ihm die Dame, um ihr „Können" zu demonstrieren, auf den Pfennig genau sagen konnte, wie viel Geld er in seinem in der Hosentasche steckenden Portmonee hatte.

Das war für Gottlob ein aufwühlendes Erlebnis, dass er, getreu der Devise „Wer denkt, muss glauben", folgenden Umkehrschluss zum Besten gab: „Ich weiß jetzt, wenn es einen Teufel gibt, muss es auch Gott geben." Gottlob hat sich aber nicht nur Gedanken über Gott gemacht, sondern auch seinen Ruf gehört, beantwortet und erfahren: Es gibt tausend Möglichkeiten für den großen, lebendigen Gott, einen Menschen zu überwältigen und heimzubringen.

Neben dem Korbmacherbrett war fortan die Bibel sein Handwerkszeug. Ich sah ihn immer wieder mit dem Buch der Bücher beim Arbeiten. Besonders beschäftigten ihn Endzeitfragen, das war während der Nazizeit nicht ungewöhnlich. Er wandte sich dem erwecklichen Neupietismus zu. Durch seine gute Bibelkenntnis, die „ihren Sitz im Leben hatte", wurde er recht häufig gebeten, in den Bibelstunden das Wort Gottes auszulegen. Dies geschah meist in einer sehr praktischen Art und Weise. Aber auch dieses Leben mit Gott brachte seine schwierigen Zeiten der Bewährung. Der Tod, „die uns zugewandte Seite des Lebens", deren Kehrseite die Auferstehung ist, trat unerwartet in diese Familie.

1936/37 brach im Dorf eine Diphterie-Epidemie aus, an der viele Kinder starben, von der Plieninger Hänssler-Familie allein drei. Hermann,

der jüngste Sohn von Gottlobs Familie, wurde schwer krank. Er konnte kaum mehr sprechen und da er gut malen konnte, malte er ein Bild, wie er im Bett liegt und ein Pfeil durch die Wolken zielt. Er wusste, dass es heimwärts ging, und wollte das seinen Eltern signalisieren.
Ich kann mich heute noch immer sehr gut erinnern, als bei seiner Beerdigung – ich war damals gerade zehn Jahre alt – Tante Luise, Hermanns Mutter, ans offene Grab ihres Jüngsten trat. Sie war bestimmt keine Frau, die sich irgendwie oder irgendwann vordrängte. Mit lauter Stimme, sodass alle Trauergäste es hören konnten, rief sie: „Der Herr hat's gegeben, der Herr hat´s genommen, der Name des Herrn sei gelobt" (Hiob 1,21).
In solchen Zusammenhängen fällt mir immer wieder das Wort des Kirchenvaters Hieronymus ein: „Wir wollen nicht trauern, dass wir sie verloren haben, sondern dankbar dafür sein, dass wir sie gehabt haben, ja auch jetzt noch sie besitzen, denn wer heimkehrt zum Herrn, bleibt in der Gemeinschaft der Gottesfamilie und ist uns nur vorausgegangen."
Zwei Erlebnisse mit meinem Onkel, eigentlich Großonkel, möchte ich noch berichten. Als Bub half ich, wie fast alle Kinder der Nachbarschaft, während der Saison beim Weidenschälen. Dafür bekam ich mein erstes, selbst verdientes Geld. Das war besonders aufregend. Ich habe nie diesen negativen Beigeschmack erfahren, den man heute leider mit dem Wort Kinderarbeit verbinden muss. Im Gegenteil, trotz der geschwollenen Hände, beim „Durchziehen" von Hunderten von Weiden eigentlich unvermeidlich, spürte ich insgeheim einen gewissen Selbstwert.
Nur mein Onkel Gottlob schien mit meiner Leistung zu einem festgelegten Stundenlohn nicht zufrieden zu sein. Er kritisierte mich vor allen Mithelfern bei der Arbeit. Vielleicht fühlte er sich, zumal ich Verwandter war, auch freier mich zu kritisieren. Oder er meinte auch noch andere mit dieser Kritik. Meines Wissens nach war dies bisher das einzige Mal, dass jemand mich als „nicht fleißig" beurteilte.
Ohne es zu wissen, erwies mein Onkel mir einen guten Dienst fürs ganze Leben. Denn es traf mich sehr und brachte mich zum Nachdenken, denn er hatte mir die Wahrheit nicht wie ein nasses Tuch um die Ohren geschlagen, sondern wie einen Mantel hingehalten, sodass ich hineinschlüpfen konnte. Es gehört mehr Weisheit dazu, hilfreichen Tadel als geschmeicheltes Lob anzunehmen.

Einmal stellte mich der Onkel zu Unrecht „in den Senkel". In der Versammlung wurde ein Verkauf zugunsten einiger Missionare durchgeführt. Das Ergebnis war erfreulich. Am Sonntag wurde der gespendete Betrag bekannt gegeben. Der Ortspfarrer und einige Brüder sprachen über ein vorgegebenes Bibelwort.
Im Zusammenhang mit dem Missionsverkaufsergebnis ergriff plötzlich der Ortspfarrer, der immer wieder die Versammlung besuchte, das Wort und gab seiner Erwartung Ausdruck, dass das Geld doch bestimmt für den Bau des Evangelischen Gemeindehauses zur Verfügung gestellt werden würde.
Obwohl nur als „Organist" in der Versammlung anwesend, fühlte ich mich trotzdem zum Widerspruch gedrängt. Ich stand auf und antwortete dem Pfarrer, der übrigens ein lieber Bruder in Christus war, dass dies unmöglich sei, zumal die Zweckbestimmung für „die Weltmission" allen im Voraus bekannt gewesen war. Der Pfarrer war gar nicht glücklich über diese Intervention.
Einige Tage später beschwerte sich mein Onkel, dass ich als so „junger Bursch" dem geschätzten Herrn Pfarrer in der Öffentlichkeit entgegengetreten sei. Ich hatte die ganze Sache als nachträgliche „Umfunktionierung" angesehen, die so nicht „sauber" laufen konnte.
Mein Vater, der damals Gemeinschaftsleiter war, aber an diesem fraglichen Sonntag einen Auswärtsdienst hatte, reagierte mir gegenüber – ich hatte mich schon auf einen gehörigen Anpfiff eingestellt – jedoch ganz anders. Statt eines Vorwurfes meinte er nur: „Wenn du das nicht gesagt hättest, dann hätte ich es später machen müssen." Das Thema „Missionsverkauf" war vom Tisch, wenngleich der Ortspfarrer noch eine Zeit lang schmollte.
Während des Zweiten Weltkrieges trat noch einmal Leid in diese Familie. Der zweitälteste Sohn, Gottlob jun., war als Soldat in Russland gefallen. Er war ein treuer Nachfolger von Jesus. Man könnte über sein Leben schreiben: „Dieser war auch mit dem Jesus von Nazareth."
Die Familie lernte in der Schule Gottes neu zu buchstabieren, dass Gottes Liebe immer größer ist, als unser Leid je sein kann.
„Ich weiß wohl, was ich für Gedanken über euch habe ... Gedanken des Friedens und nicht des Leides" (Jeremia 29,11).
„Unsere Trübsal schafft eine ... ewige Herrlichkeit" (2. Korinther 4,17).

# 35. Vorbilder

Es gibt vieles im Leben, was einen Menschen prägt. Oftmals sind es auch Dinge, die wir zunächst gar nicht so realisieren.
Wir hatten vor Jahren im Hänssler Verlag noch eine Notenstecherei, in der Noten fast noch wie zu Zeiten Bachs einzeln in Spiegelschrift in Bleiplatten eingeschlagen wurden, darunter jeder einzelne Buchstabe des Textes. Das war wirklich eine Kunst und damals gab es schon nicht mehr viele Mitarbeiter, die sie beherrschten.
Eine solche Notenseite entwarf man mit einem Zirkel. Danach wurde jede einzelne Note, jeder einzelne Buchstabe eingeschlagen. Mit einem Prägestock konnten dann, wenn die Platte eingefärbt wurde, in einer Druckerpresse einzelne Abzüge gemacht werden, die die Grundlage für den späteren Druck der Noten bildeten. Um einen Abdruck machen zu können, brauchte man also ein Urbild, ein Vorbild. Interessanterweise heißt das griechische Wort für Prägestock: Charakter (vgl. Hebräer 1,3).
Ich ziehe für mich den Schluss: Vorbilder prägen einen Menschen. Es ist wie im wirklichen Leben: Menschen folgen viel leichter anderen Fußspuren als anderem Rat. Albert Schweitzer hat dafür die treffenden Worte gefunden: „Vorbild zu sein, ist nicht die Hauptsache in der Beeinflussung anderer. Es ist die einzige Möglichkeit."
Auch mein Leben wurde von Vorbildern geprägt, und das waren häufig nicht die großen Namen, sondern einfache, allerdings durch und durch echte Leute. Einige von ihnen möchte ich kurz skizzieren.
Ich denke an meinen Patenonkel Christian Wais, einen schlichten Geschäftsmann und gleichzeitig begabten Verkündiger des Evangeliums. Er war ein Freund meines Vaters und führte im Schwarzwald ein Erholungsheim. Die Nazizeit brachte Probleme für dieses Haus mit sich, sodass es aufgegeben werden musste. Mein Patenonkel startete dann eine Fabrik.
Ich habe ihn vielleicht fünf Mal in meinem Leben gesehen, denn man war damals nicht so mobil. Der Schwarzwald und später das Allgäu waren für uns schlecht erreichbar. Durch schwere Verwundungen aus dem Ersten Weltkrieg fehlten etliche Finger an seiner rechten Hand, und durch eine in Frankreich erlittene Gasvergiftung war er auch sonst beeinträchtigt. Inwieweit kann ein Mensch, den man fast nie sieht, wenig von ihm hört, ein Vorbild sein?

Ich wusste: Er betete für mich. Dann kam der Tag meiner Konfirmation, ich war gerade 13 Jahre alt geworden, und der Krieg dauerte schon über ein halbes Jahr.
Es gab manche Einschränkungen. Die Geschenke spielten nur eine winzige Rolle. Eine Torte, die erste in meinem Leben, bekam ich trotzdem. Die Gäste waren anscheinend ausgehungert, denn als ich als Konfirmierter nun auch ein Stück davon erhalten sollte, war schon längst alles aufgegessen. Meine Freude über die Festgäste hielt sich in Grenzen. Es hat aber bei mir einen bleibenden Eindruck hinterlassen, dass mein Patenonkel tatsächlich zum Fest erschien, sogar noch vor dem Gottesdienst. Er begrüßte mich mit strahlenden Augen, führte mich in ein anderes Zimmer und betete mit mir auf den Knien. Dann legte er mir die Hände auf und segnete mich. Es war mir zumute wie in der Abrahamsgeschichte: „Ich will dich segnen ... und du sollst ein Segen sein" (1. Mose 12,2). Die Segenszusage Gottes ist immer ein Handeln, sein Handeln. Friedrich von Bodelschwingh sagte einmal: „Niemand empfängt einen Segen nur für sich selbst."
Obwohl dieser Tag noch nicht der meiner Bekehrung war, ein Tag in der Gegenwart Gottes war er auf jeden Fall. Das Wort Gottes, das mir an diesem Tag persönlich im Gottesdienst zugesprochen wurde, wies mir klar die Richtung für mein zukünftiges Leben: „Von Kindheit an bist du in der heiligen Schrift unterwiesen worden, und sie kann dich weise machen, die Rettung anzunehmen, die der Glaube an Christus Jesus schenkt" (2. Timotheus 3,15).
Wenn ich mich nicht täusche, ich führte kein Tagebuch, wurde ich am 19. Dezember 1944 nach meiner Dienstzeit beim Arbeitsdienst und bei der Luftwaffe zur Infanterie eingezogen. Letztere wurde damals „Königin der Waffen" genannt – sicher nur, um ihre Attraktivität zu steigern. Wir selbst ließen ganz schnell das „W" dieses Titels weg.
Obwohl die Kaserne gerade erst bombardiert und die Stadt stark zerstört worden war, hatte ich dort ein Erlebnis ganz anderer Art. Wir wurden in einen besonderen Raum eingewiesen. Dort standen wohl etwa 20 Betten, immer drei übereinander. Nun beschlagnahmte man den nächstbesten Schlafplatz und versuchte auch, mit wenig Erfolg, seine Habseligkeiten zu verstauen. Es war alles sehr improvisiert, bis hin zu den im Freien ausgehobenen Gruben als Ersatz für die nicht vorhandenen WCs – selbst bei Minusgraden; Sichtweite mindestens 30 Meter; weiterer Kommentar überflüssig.

An diesem ersten Abend in der Bude, wir hatten alle unsere kleinen Koffer oder Rucksäcke noch nicht völlig ausgepackt, legte einer der Soldaten, Johannes Asimus, ganz selbstverständlich seine Taschenbibel auf den einzigen Tisch im Zimmer.
Das war so eindeutig, ein so klares Bekenntnis, als ob er jedem im Raum ganz natürlich demonstrieren wollte: „Dazu stehe ich, das ist mein Leben!" In dieser Zeit sicher keine Selbstverständlichkeit, aber mutig. Für einige war das eine echte Hilfe.
Durch weitere Bombenangriffe, Einsätze beim Ausgraben von Verschütteten und Umquartierung in ein Bauernhaus außerhalb der Stadt konnten Johannes und ich uns nicht richtig kennen lernen und doch war er für mich ein Vorbild. Gott hatte mit seinem Leben einen ganz anderen Plan: Johannes war der Erste von uns, der in diesem unsinnigen Krieg sein Leben lassen musste.
Wie sagte doch der Aphoristiker Hans Kudszus: „Vor-Bild sein, heißt in erster Linie vor-leiden können."
Natürlich waren mir meine Eltern auch ein wirkliches Vorbild. Häufig waren es gerade die kleinen Dinge, die mich so vorbildlich beeindruckten. Kleine Tätigkeiten, die sie ausführten, waren wirksamer als große, die Menschen nur planen.
Ich kann mich nur an ganz wenige Sonntage erinnern, an denen meine Eltern nach dem Gottesdienst keine Gäste zum Mittagessen oder auch Sonntagskaffee mitbrachten. Manchmal waren es Freunde, über deren Zusammenkommen man berechtigt Romano Guardini zitieren kann: „Das ist der Gastfreundschaft tiefster Sinn, dass einer dem anderen Rast gebe auf dem Weg nach dem ewigen Zuhause."
Dann gab es natürlich auch unerwartete Gäste, die eher an den „Hecken und Zäunen" aufgelesen wurden. Es ist eigentlich schade, dass die damaligen Tischgespräche nicht festgehalten worden sind, bestimmt ergäbe es eine interessante und kuriose Mischung. Wenn es etwas turbulent wurde und die Zahl der Gäste zu einem plötzlichen Vermehrungswunder beitrug, hatten meine Mutter und meine Patentante alle Hände voll zu tun. Ich erinnere mich dabei an eine biblische Geschichte: Maria und Martha mussten sich vereinen, um ganze Gastfreundschaft anzubieten.
Noch nach Jahrzehnten sprachen und sprechen mich Leute darauf an, welche Spuren diese Gastfreundschaft in ihrem Leben hinterlassen hat. Manchmal waren am Ende des Beisammenseins die Gäste aufgeräum-

ter als die Wohnung, aber sie hatten unauslöschliche geistliche Impulse empfangen – Impulse mit Langzeitwirkung. Gemeinschaft will eben auch gelebt werden.

Mir kam schon der Gedanke, ob sich bei diesen Einladungen der Vers aus Hebräer 13,2 bestätigt hatte: „Vergesst nicht, Fremden Gastfreundschaft zu erweisen, denn auf diese Weise haben einige Engel beherbergt, ohne es zu merken!"

Auf noch ganz andere Weise waren meine Eltern Vorbild. Es gab für sie – ausgenommen ernsthafte Krankheit – keine akzeptablen Gründe, warum jemand aus der Familie den Gottesdienst nicht besuchen wollte. Das war beileibe kein Zwang, eher eine Selbstverständlichkeit.

Wie verhielt es sich aber, wenn zur Gottesdienstzeit Besucher eintrafen?

Eines Tages kam ein sehr bekannter Musikverleger ganz unerwartet zu Besuch. Das Gespräch war noch nicht beendet, als mein Vater plötzlich sagte: „Herr X., wir werden jetzt zum Gottesdienst gehen, der in etwa 20 Minuten beginnt. Ich möchte Sie herzlich einladen, daran teilzunehmen. Sie können aber auch während dieser etwa 90 Minuten das schöne Wetter ausnutzen und einen Spaziergang machen. Wir sind rechtzeitig wieder zurück, um unser Gespräch fortzusetzen."

Der Musikverleger entschied sich, mit uns den Gottesdienst zu besuchen. Es war wohl das einzige Mal in seinem Leben, dass er an einer Versammlungsstunde teilnahm. Noch nach Jahrzehnten hat dieser Kollege meinen Vater mehrfach darauf angesprochen. Er war sichtlich vom Wort Gottes berührt worden.

Ich weiß nicht, ob ich mich selbst so klar verhalten hätte. Für mich war das Vorbild meines Vaters aber sehr eindrücklich. Seither reagiere ich allerdings etwas allergisch gegenüber manchen vorgebrachten „Entschuldigungen" von Menschen, die den Gottesdienst nicht besuchen. Und es gibt ja immer „triftige" Gründe: „Sonntag ist mein einziger Tag zum Ausschlafen." „Wir erwarten Besuch und ich kann nicht zur gleichen Zeit kochen und am Gottesdienst teilnehmen." Derlei Ausreden gibt es viele. Vielleicht müssten manche Gemeinden zu Beginn des Gottesdienstes besser auch Augentropfen für solche anbieten, deren Augen müde sind vom überlangen Fernsehen der vergangenen Nacht.

Ein ganz anderes Vorbild war für mich Johanna-Ruth Dobschiner. Als Jüdin im Ullsteinhaus in Berlin aufgewachsen, erlebte sie die Anfänge

des Nationalsozialismus in Deutschland. Auf Grund der wachsenden Judenverfolgung verließ ihre Familie 1935 Deutschland und zog nach Holland. Dieses Land konnte allerdings nur einige Jahre ein Zufluchtsort bleiben. Als die deutsche Armee in den Niederlanden einmarschierte, begann die Verfolgung erst richtig. Johanna, wir nannten sie immer nur Hansi, hat das vor Jahren in dem Bestseller „Zum Leben erwählt" sehr bewegend und authentisch beschrieben. Ihre Familie wurde verhaftet und fast die gesamte Großfamilie mit annähernd 30 Mitgliedern verlor ihr Leben in den Todeslagern der Nazis. Sie selbst, damals Krankenschwesternschülerin, wurde nur gerettet, weil zum Zeitpunkt des Abtransportes ihrer Familie ein Arzt sie im Krankenhaus am Blinddarm operierte, obwohl sie kerngesund war. Auf diese Weise konnte sie nicht weggebracht werden. Von da an überlebte sie in Verstecken holländischer Familien und wurde immer wieder von einem Schlupfwinkel in den anderen gebracht.
Sehr aktiv war ein holländischer Pfarrer, der viele Juden rettete, eben auch Hansi. Er musste aber diese Hilfe mit dem eigenen Leben bezahlen und wurde von den Nazis erschossen.
Hansi wurde weiter versteckt und fand in einem dunklen Keller eine Kinderbibel. Als Jüdin las sie die ihr so wohl vertrauten Geschichten ihres Volkes, las dann aber auch weiter die Geschichten des Neuen Testaments und fand beim Lesen und Durchdenken die Parallelen. Ihre Geschichte ist erschütternd, und doch war es eines der bewegendsten Bücher, das ich je gelesen habe. Wir veröffentlichten es 1973 im Hänssler Verlag in deutscher Sprache. Beim Kongress für Weltevangelisation in Lausanne 1974 traf ich Hansi zum ersten Mal persönlich. Sie hatte eine ungewöhnliche Ausstrahlung voller Güte und Liebe, gerade auch uns Deutschen gegenüber, die wir ihre ganze Familie ausgelöscht hatten. Keine Spur von Anklage uns gegenüber, nur überströmende Liebe. Das durften wir als Familie besonders erfahren. In guter Erinnerung ist uns noch eine Mittelmeer-Kreuzfahrt mit 700 Menschen. Wir luden Hansi dazu ein, und sie war auf diese Weise zum ersten Mal im Land ihrer Väter. Auf dem Schiff feierte sie mit uns einen Sederabend (häusliche Passahfeier) und gab beredtes Zeugnis von ihrem Glauben an Jesus, den Messias. Unser kleiner Sohn Markus war es, den sie bat, ihr die im Alten Testament erwähnten Fragen zu stellen: „Wenn dich nun dein Sohn heute oder morgen fragen wird und sagen: ‚Was sind das für Zeugnisse, Gebote und Rechte, die euch der Herr, unser Gott, geboten hat?'" (5. Mose 6,20).

Durch ihre Liebe war sie Vorbild für viele, denen sie Wegzeiger zu Christus sein konnte. Beim 75-jährigen Jubiläum des Hänssler Verlages stand sie als Rednerin in einer großen Halle, um Christus zu bezeugen. Ich habe sie nur einmal in meinem Leben tief erschüttert gesehen, als nach einer großen Veranstaltung eine nicht von großer Weisheit geplagte Frau sie fragte, ob sie all dies, was sie in ihrem Buch schrieb, auch wirklich selbst in der Naziverfolgung erlebt hätte. Wer Hansi auch nur ein wenig kannte, diese klare, wahre, fröhliche, vorbildliche Persönlichkeit, der konnte nur den Kopf schütteln über so viel Dummheit und auch Überheblichkeit der Fragenden.
Hansi war für unsere Familie ein Vorbild an Glaubhaftigkeit. Über ihr Leben kann man schreiben: „Die ihn lieb haben, werden strahlen vor Freude" (Richter 5,31).

# 36. Die Trompeten

Musik ist ein wunderbares Geschenk des Schöpfers, eine Weltsprache, die nicht übersetzt werden muss.
Mein Leben ist ohne Musik nicht denkbar. Schon als Bub vergnügte ich mich mit einer abgeschabten Blockflöte. Viel weniger Freude machte mir damals das alte, vielfach geleimte Klavier. Der Zwang, üben zu müssen, beflügelte mich nicht im Geringsten, kaum der väterliche Druck, den ich als gar nicht spaßig verstand.
Dann dachte mein Vater an eine Trompete, zumal man im Posaunenchor des CVJM immer Bläser suchte. Eines Tages war es so weit, von irgendwoher bekam ich eine Zugposaune und unternahm meine ersten Versuche, Töne zu finden und nicht nur Geräusche zu erzeugen. Ein Freund meines Vaters, er war guter Bläser und Lehrmeister zugleich, bot sich an, mich in die Kunst des Posauneblasens einzuweisen. Das etwa acht km entfernte Dorf, in dem er wohnte, war künftig meine Anlaufstation. Die Zugposaune im Rucksack verstaut, wanderte ich jede Woche diese Strecke hin und zurück. Mir wurde es auch nie zu viel. So konnte ich langsam einige Geheimnisse der Blasinstrumente für mich entdecken. Es machte wirklich Freude. Später wurde mir noch ganz unerwartet eine Es-Trompete geschenkt, und ich konnte mich nun auch im Laufe der Zeit an andere Literatur wagen.
Ein Höhepunkt in meiner musikalischen „Laufbahn" war sicher der erste Landesposaunentag nach dem Krieg in Ulm. Welch neue Welt nach all dem Kriegserleben! Ich spielte vor dem riesigen Münster im großen Bläserchor mit Musikern aus dem ganzen Land. Meine Begeisterung kannte keine Grenzen, der befreite Jubel meiner Seele drückte sich in Tönen aus. Die vorgeschriebenen, gedruckten Noten waren mir da viel zu wenig. Deshalb spielte ich die zweite Stimme (Altstimme) der Choräle eine Oktave höher als notiert. Das war wie ein musikalischer „Juchzer". Ein älterer Bläser, der direkt vor mir musizierte, drehte sich nach dem Ende des Chorals zu mir um und sagte zu seinem Nachbarn laut und vernehmlich: „Des versteh i net, dass man solche Kerle mitmache lässt." Anscheinend hatte er meinen Überschwang nicht nachvollziehen können. Mit ganzer Inbrunst spielte ich im großen Bläserchor unter dem Geläute der Münsterglo-

cken mit Herz und Seele: „Gloria sei dir gesungen, mit Menschen und mit Engelszungen, mit Harfen und mit Zimbeln schön."
Wer das einmal so miterlebt hat, wird mich gut verstehen können.
Die Flöte war längst abgelegt, die Geige benutzte ich nur noch im Studentenorchester, das Klavier bei besonderen Anlässen. Die Trompete aber wurde für mich immer interessanter. Da hatte ich auch Lust zum Üben, und ich praktizierte das im großen Heizungskeller des ehrwürdigen Evangelischen Stifts in Tübingen, damit nicht die ganze Nachbarschaft rebellisch würde.
Im Nachbardorf, allerdings immer einen Fußmarsch von jeweils sieben Kilometern entfernt, versuchte ich, einen Bläserchor zu leiten. Bald darauf kam auch eine Einladung, in der Tübinger Stiftskirche bei einem Konzert Solotrompete zu spielen. Dem Stück entsprechend, versuchte ich, so „weich" wie möglich die Solostimme zu präsentieren, was anscheinend auch gelang, wenn ich den Sätzen des Zeitungsrezensenten glauben darf, der von einem „Flötenton" schrieb. Dies war allerdings ein Irrtum, denn es befand sich gar keine Flöte im Orchester.
Vielleicht dachte ich insgeheim daran, eine Karriere als Trompeter zu beginnen. Dies wurde noch begünstigt durch die Anfrage eines recht bekannten Komponisten für Kirchenmusik, ob ich bereit wäre, ein Trompetenkonzert, an dem er gerade arbeiten würde, uraufzuführen. Das war natürlich eine große Ehre und hat mir durchaus geschmeichelt. Den Komponisten kannte ich, da ich als Geiger bei einigen Uraufführungen seiner Kantaten mitgewirkt hatte. Mit seinen frühen Kompositionen konnte ich mich auch sehr anfreunden.
Doch dann kam alles anders. Ich brach gesundheitlich restlos zusammen. Die Lungentuberkulose, die ich wahrscheinlich aus dem Krieg mitgebracht hatte, machte sich so heftig bemerkbar, dass ich mit Notarzt, während starker Blutungen, in eine Spezial-Lungen-Klinik gefahren wurde. Die Blutungen hielten wochenlang an, mein Zustand war so kritisch, dass ich nicht mehr operationsfähig war. Durch ein Wunder Gottes habe ich überlebt, obwohl ich von den Ärzten bereits aufgegeben war.
Acht Monate lag ich im Krankenhaus. Ich dachte an andere Dinge als an meine Trompeten. Nach der Entlassung musste ich noch lange ambulant in die Klinik.
Ich sah ein, dass ich mein geliebtes Instrument nicht mehr spielen konnte, weil es einfach viel zu gefährlich wäre. Als ich dann meine

zwei Trompeten aber wieder entdeckte, gab es mir doch einen großen Stich ins Herz und tat mir sehr weh. Ich wollte mir aber nicht durch Klagen und Trauern den Segen nehmen. Nachdem mir kurz zuvor ein Freund erzählt hatte, dass er in Ostafrika eine Bläserarbeit begonnen hatte, setzte ich sozusagen einen Schlusspunkt unter meine „Karriere" als Trompeter: Ich packte die beiden Trompeten sorgfältig in eine Holzkiste, sagte ihnen „Lebewohl" und übergab sie dem Freund für seine Bläserschulung in Afrika. Damit war für mich dieser Teil der Geschichte für immer beendet. Das bedeutet aber nicht, dass ich mich nicht nach wie vor sehr freue an einer exzellenten Trompetenpartie in einem Werk von Johann Sebastian Bach. Und noch mehr bin ich gespannt auf die himmlische Musik, „die kein Auge gesehen und kein Ohr gehört hat" (1. Korinther 2,9).

# 37. Begegnungen

Entscheidende Begegnungen prägen. Auch Reifung kann durch Begegnung entstehen. Martin Buber formulierte es noch präziser: „Alles wirkliche Leben ist Begegnung."

Einige amerikanische Freunde haben mein Leben stark beeinflusst. Charles Colson, der Sonderberater des amerikanischen Präsidenten Richard Nixon, spielt dabei eine wichtige Rolle. Noch heute bin ich mit Charles Colson, ich darf ihn Chuck nennen, eng befreundet. 1974 befanden sich die amerikanische Regierung und das ganze Land in einem Stadium der Verwirrung und waren von den tief greifenden Erschütterungen des Watergate-Skandals in einer Art Schockzustand.

Wie hatte dies alles so geschehen können? Charles Colson saß an der Seite von Präsident Nixon im Ovalen Amtszimmer des Weißen Hauses in Washington. Sein Leben war erfüllt von großem Idealismus im Blick auf das riesige Land der USA. Die Bevölkerung brachte den führenden Politikern sehr viel Vertrauen entgegen. Sowohl Nixon, Colson, Ehrlichman, Haldeman, Mitchell, die großartige politische Siege errangen, waren in die Falle des eigenen Machtanspruchs gefallen und Opfer ihrer menschlichen Schwächen geworden. Präsident Nixon musste im Zuge der Watergate-Ermittlungen zurücktreten. Einige der führenden Regierungsverantwortlichen, unter anderem auch Charles Colson, wurden zu einer Gefängnisstrafe verurteilt. Er war auch einer derjenigen, die für Watergate verantwortlich waren.

Colson erzählte mir persönlich viele der Details, wie er auf Grund eines Gespräches mit dem mir auch persönlich bekannten Geschäftsmann Tom Phillips mitten in diesen Wirren, noch vor seiner Verurteilung, sein Leben Jesus Christus anvertraut hatte. Auch das Lesen eines Buchs hatte zu seiner Entscheidung beigetragen. Er verstand plötzlich, dass – während er immer noch über grandiose Reformen im Lande nachdachte – die geistliche Erneuerung eines Volkes mit der Veränderung jedes einzelnen Menschen beginnen muss. Hätte das nicht eine reinigende Wirkung für das ganze Volk?

Charles Colson schrieb über diese ganze Zeit ein bewegendes Buch, das ich damals in deutscher Sprache veröffentlichte. Es ist sehr ehrlich und entwaffnend. Eigentlich könnte man ein Zitat des berühmten und wohl besten Präsidenten der USA, Abraham Lincoln, über das Buch stellen:

„Ohne Gott muss ich versagen." Ich publizierte das Buch unter dem Titel „Watergate – wie es keiner sah". Viele namhafte Politiker unseres Landes lasen es damals. Nachdem Watergate in den europäischen Köpfen unserer Zeitgenossen etwas abgeklungen war, nannten wir das Buch: „Der Berater".

Im Zusammenhang der Publikation kam Colson auch nach Deutschland und war Hauptredner bei einigen großen Jugendveranstaltungen. Er sprach auch im großen Zelt der Deutschen Zeltmission und in Bonn bei einer internationalen Pressekonferenz. Wir hatten damals noch wenig Erfahrung und übergaben dem damaligen Verantwortlichen Amerikas für das Spandauer Kriegsverbrecher-Gefängnis die Aufgabe der Moderation und Einladung. Letztere wurden relativ spärlich angenommen. Bis heute sind mir einige Dinge in Erinnerung geblieben. Zunächst einmal die sehr schnelle Fahrt mit dem rasanten Mercedes eines jungen Freundes von Stuttgart nach Bonn. Wir wollten und mussten ja pünktlich sein. Als der Tacho über 230 km zeigte (was damals sehr schnell war), drehte sich Colson zur Rückbank um und fragte: „Are we ready for take-off?" Für amerikanische Verhältnisse musste das so scheinen, als ob ein Flugzeug auf der Rollbahn die richtige Geschwindigkeit zum Abheben erreicht hatte.

Der aufmerksamste Journalist bei der damaligen Pressekonferenz war der von der Moskauer „Prawda".

Charles Colson war mit seiner Frau etwa zehn Tage bei uns zu Hause und wir führten viele intensive Gespräche, trotz meiner mangelhaften englischen Sprachkenntnisse. Die Frage, wie es in seinem Leben weitergehen sollte, war wohl ganz grundlegend für ihn. Im Auto fuhren wir dann aus dem Schwäbischen nach „L'Abri" in die Schweiz. Das Gespräch mit dem dort lebenden Francis Schaeffer war für Chuck sehr wichtig und hilfreich. Er traf in den damaligen Unterredungen die Entscheidung, nicht mehr in die Politik zurückzukehren und auch seinen Anwaltsberuf nicht mehr auszuüben. Er wollte ganz für den Bau des Reiches Gottes zur Verfügung stehen. Ich spürte in seinem Leben etwas von der Freude und Kraft der Guten Nachricht von Jesus Christus. Seine Vorträge vor vielen tausenden, meist jungen Menschen wurden als sehr authentisch erlebt. Besonders beeindruckte uns seine Veränderung im Verhalten gegenüber seinen politischen Gegnern. Chuck war früher als rücksichtsloser Politiker bekannt. Er war allerdings auch von seinem ehemaligen Chef Nixon angelogen und betrogen worden. Natürlich hatte er radikale Gegner, die die Kehrtwendung seines Lebens weder akzeptieren noch verstehen wollten und konnten. Einer davon war Senator Harold Hughes, auch einer meiner späteren amerikanischen Freunde, in der Tat ein Mann von besonderem Format. Er war auf einer kleinen Farm in Iowa aufgewachsen. Im Krieg hatte er als Infanterist die Schlachten in Italien gekämpft und war nur durch ein Wunder am Leben geblieben. Später war er Lastwagenfahrer und wurde zum Alkoholiker. Von ganz großer, starker Statur, prügelte er sich von einer Bar zur anderen, blieb immer wieder tagelang seiner jungen Familie fern, landete im Gefängnis und dachte an Selbstmord. Eines Abends schrie Harold zu Gott um Hilfe. Als er am nächsten Morgen aus seinem Whiskynebel erwachte, war alles in seinem Leben anders geworden. Er trank nie mehr einen Tropfen Alkohol. Einige Jahre später kam der eigenständige und auch recht eigenwillige Harold zur demokratischen Partei und bewarb sich später um den Posten des Gouverneurs, wurde gewählt und noch zweimal wiedergewählt und dann von seiner Partei als Senator nach Washington gesandt. Dort trat er, entgegen allen politischen Gepflogenheiten, sofort für eine unverzügliche gesetzliche Beendigung des Vietnamkrieges ein. Das war natürlich Grund genug, Harold während der Zeit des Republikaners Nixons im Weißen Haus auf die „Feindliste“ zu setzen. Eine Zeit lang stieg er in das Wettrennen um die Präsidentschaftsnominierung der Demokraten ein, denen aber seine unverblümte Art nicht immer behagte. So verabschiedete er sich von der Bewerbung um die Präsidentschaft, empfand aber den Konflikt zwischen seinem politischen Leben mit seinen Anforderungen und seinem persönlichen Engagement als Nachfolger von Jesus als immer schwieriger und belastender. Obwohl er absolut sicher sein konnte, dass er als Senator wiedergewählt werden würde, gab er nach inneren Kämpfen schon eineinhalb Jahre vor der Wahl bekannt, dass er am Ende der Legislaturperiode als Senator zurücktreten werde. Viele Politiker machte das betroffen, aber Harold erklärte, er habe den Eindruck, dass er außerhalb des politischen Lebens mehr für seine Mitmenschen tun könnte, indem er nur noch dem einen Herrn diente.

So erzählte mir Chuck über Harold Hughes, der mir das von seiner Seite aus bei vielen Zusammentreffen voll bestätigte. Auf Wunsch und Initiative von Douglas Coe, dem Leiter der „Fellowship“-Arbeit in Washington, sollte es zu einer Begegnung der beiden Kontrahenten kommen, eine sicher nicht risikolose Angelegenheit. Douglas Coe holte beide in

seinem verbeulten Chevrolet ab, den aus dem Gefängnis entlassenen Sonderberater Nixons und früheren Rechtsanwalt und den muskulösen, schwarzhaarigen Senator, dem man seine indianischen Wurzeln sehr wohl ansehen konnte. Sie begegneten sich im Hause eines anderen guten Freundes, Al Quie. Bald darauf traf auch noch Graham Purcell, ein Kongressabgeordneter, ein. Man unterhielt sich zunächst über Alltägliches, über die Familien und Chuck Colson wartete eigentlich ungeduldig darauf, in das Wesen der „Fellowship" eingeführt zu werden, – nämlich Gemeinschaft. Das sollte noch kommen.
Chuck und Harold glichen eigentlich zwei Boxern, die unruhig in den entgegengesetzten Ecken des Ringes verharrten – im Warten auf den Gong, auf die Konfrontation, die kommen musste. Dann forderte Harold Chuck ganz abrupt und völlig unerwartet heraus. „Chuck, mir wurde gesagt, Sie seien Jesus Christus begegnet. Würden Sie uns davon erzählen?" Chuck war darauf in keiner Weise vorbereitet und auch nicht bereit, inmitten von ihm unbekannten Menschen über Christus zu reden. Eigentlich wollte er in diesem Augenblick kneifen. Aber von innen her bekam er eine Festigkeit, sodass er unter dem offenen Blick von Harold stockend zu erzählen begann. Eigentlich war Chuck ein brillanter Redner, so hatte ich ihn immer erlebt, aber diesmal war es ganz anders. Er fühlte seine ganze Unzulänglichkeit und wusste nicht recht, wie er seine innersten Erlebnisse und Erfahrungen in Worte fassen sollte. Für ihn war das Reden über die persönliche Begegnung mit Gott etwas total Neues und zwischendurch kam ihm der Gedanke, ob die Zuhörer ihn wohl für etwas übergeschnappt hielten. Aber er erzählte weiter, wie in jener Nacht im Zusammensein mit Tom Philipps eine Barriere zusammengebrochen war, die er sein ganzes Leben lang gehütet hatte. Und doch fragte er sich am nächsten Tag, ob nicht die so unerfreulichen Umstände der Watergate-Affäre ihn so fertig gemacht hatten, dass er einfach deshalb nach einem Ausweg suchte. Eine Woche später jedoch konnte er alles mit seinem Verstand ordnen und musste es nicht seinen Gefühlen überlassen. Er sagte: „Ich erkannte, wer Jesus ist und dass ich ihn brauche – und da konnte ich ihm mein Leben ausliefern." Chuck stockte, er dachte an das tiefe Erleben der Gegenwart Gottes in seinem Leben, dann beschloss er seinen persönlichen Bericht mit den Worten: „Als neugeborener Nachfolger von Jesus muss ich noch sehr viel lernen. Das weiß ich. Ich bin dankbar für jede Hilfestellung, die Sie mir geben können."

Es blieb einen Augenblick lang still, dann schlug Harold beide Hände hart auf seine Knie und sagte: „Mehr brauche ich nicht zu wissen, Chuck. Sie haben Jesus angenommen, und er hat Ihnen vergeben. Genau das mache ich jetzt auch. Ich liebe Sie nun von nun an als meinen Bruder in Christus. Ich werde zu Ihnen stehen, Sie überall verteidigen und Ihnen vertrauen mit allem, was ich bin und habe."

Chuck war so verblüfft, dass er nur ein schwaches „Dankeschön" hervorbrachte. Er war so tief bewegt, weil er eine solche herzliche und liebevolle Begegnung außer in seiner Familie noch nie vorher erfahren hatte. Und nun erlebte er das von einem Mann, der ihn jahrelang wirklich verabscheut hatte und den er seit kaum zwei Stunden persönlich kannte.

Dann knieten sie alle miteinander nieder und beteten laut. Als Chuck wieder auf den Füßen war, kam Harold lächelnd auf ihn zu und umarmte ihn. Chuck brauchte keine weiteren Erklärungen mehr, was eigentlich „Fellowship" - Gemeinschaft - ist. Es ist das, was Paulus meinte, wenn er schrieb: „Kommt einander in herzlicher Geschwisterliebe entgegen" (Römer 12,10).

Auch die anderen Freunde halfen Chuck mit Rat und Tat. Graham Purcell sagte zu ihm: „Politiker hüten sich vor jedem, der auf eine Anklage zugeht, aber Nachfolger von Jesus stehen zusammen." Graham war vor seiner Wahl als Kongressmitglied Richter in Texas. „Das stimmt", sagte Al Quie, „wir werden zu Ihnen stehen, halten Sie den Kopf hoch."

Dies und noch viel mehr berichtete mir Chuck, als er 1976 zehn Tage lang mit seiner Frau Patty bei uns wohnte. Es waren sehr tiefe Gespräche, die dann in einer Gegeneinladung endeten. Chuck lud meine Frau und mich ein zur Teilnahme am Nationalen Gebetsfrühstück in Washington, das Flugticket eingeschlossen. Er sagte: „Du musst unbedingt diese Freunde kennen lernen, die mich in den schwersten Zeiten meines Lebens getragen haben." Dass es wirkliche Freunde waren und nicht nur Freundschaft wie ein Regenschirm, den man bei schlechtem Wetter zurückgeben muss, habe ich spätestens dann begriffen, als Chuck Colson, durch seine Selbstanzeige bedingt, verurteilt wurde und im Gefängnis landete. Aufgrund dessen konnte er seinem Sohn, der in ein Drogendelikt in dieser vaterlosen Zeit verwickelt war, nicht beistehen. Einer der schon genannten Freunde beantragte beim Justizministerium, dass er für Chuck ins Gefängnis gehen und seine Strafe absitzen würde. Es war Al Quie, langjähriger Kongressabgeordneter der Republikaner für den

Staat Minnesota. Das ist echte Freundschaft, besser gesagt „Fellowship" – Gemeinschaft.
Meine Frau und ich waren damals zum ersten Mal bei diesem großen Ereignis dabei. Für uns zunächst fast unbegreiflich. Wir haben alle die genannten Freunde und darüber hinaus noch viele mehr in den letzten 28 Jahren kennen und schätzen gelernt.
Ich möchte noch drei kleine Episoden erzählen, die den erwähnten Harold Hughes ganz treffend charakterisieren.
Harold Hughes saß beim internationalen Dinner am Tage des Gebetsfrühstücks im voll besetzten Großen Saal des Hilton-Hotels. Es gab Beiträge von vielen Rednern, dazwischen auch Musikeinlagen, auf jeden Fall spürte man, dass einfach zu viel dargeboten wurde und die Zuhörer sich allmählich überfordert fühlten. Der Moderator der Veranstaltung wollte noch einen Senator von Alabama als nächsten Redner aufrufen (wobei man wissen muss, dass die Leute aus Alabama in der Regel sehr langsam reden). Von den vorderen Tischen kam ein Zwischenruf: „Der Senator ist schon weggegangen." Im Saal befanden sich über 2000 Teilnehmer, Harold Hughes saß am letzten Tisch des Saales und rief daraufhin – für alle hörbar: „Praise the Lord!" Natürlich lachten alle befreit auf, und die Versammlung konnte beendet werden.
Am selben Abend waren meine Frau und ich bei Charles Colson und seiner Frau Patty eingeladen. Auch da mussten wir Schwaben kräftig dazulernen. In der Wohnung befanden sich etwa 14 Stühle, aber mindestens doppelt so viele Gäste. Es war für die Senatoren selbstverständlich, es sich auf dem Fußboden bequem zu machen. Chuck Colson stellte uns vor und sagte über mich: „Das ist mein lieber Freund Friedrich", und dann ließ er noch manche liebenswerte Bemerkungen fallen und fuhr fort: „His english is poor, but his spirit is well." (Das bedeutet etwa: „Sein Englisch ist armselig, aber sein Geist ist in Ordnung.") Von da an habe ich natürlich versucht, mich sprachlich zu verbessern. Das Telefon klingelte. Am anderen Apparat war Harold Hughes. Chuck fragte Harold (ich hatte ihm von dem Zwischenruf Harolds erzählt): „Was hast du dir denn heute wieder geleistet?" Sie lachten beide. Harold wollte erfahren, woher Chuck das wüsste, darauf antwortete Harold: „Sag Friedrich, dass er ein netter Kerl ist." Das war Harold. Ein fröhliches Herz, ein konsequenter Weg in der Nachfolge von Jesus, ein klarer Blick für die kleinen und großen Nöte unserer Welt, mit großem Mut, Hilfe zu leisten bei den Problemen der Regierenden oder in den Armuts-

vierteln und dies alles im kindlichen Vertrauen auf Jesus. Ich bin sehr dankbar für diese Begegnung mit Folgen. Zudem sind mir eine ganze Reihe von Menschen bekannt geworden, die durch das Buch Chuck Colsons zum Glauben an Jesus Christus gefunden haben.
Ich habe meinen Freunden viel zu danken für die Horizonterweiterung und besonders für Einheit von Bekenntnis und Leben. Bei Gott passen Wort und Tat zusammen. „Sollte er etwas sagen und nicht tun?" (4. Mose 23,19).
Im Hinblick auf unser menschliches Tun sagt uns das Wort Gottes: „Lasset uns nicht lieben mit Worten noch mit der Zunge, sondern mit der Tat und mit der Wahrheit" (1. Johannes 3,18).
Harold war in seiner Direktheit unübertroffen. In einem Seminar des Nationalen Gebetsfrühstücks in Washington sollte ich auch einen persönlichen Bericht geben. Ich hatte zwar die ganze Mappe mit allen Terminen und Informationen für diese Woche ausgehändigt bekommen, da es aber jedes Jahr nach demselben Muster abgelaufen war, dem keine weitere Bedeutung zugemessen. Ein verhängnisvoller Irrtum, wie sich herausstellen sollte. Spät in der Nacht fand ich die Gelegenheit, meine Mappe mit den vielen Papieren durchzusehen und dabei auf einen Notizzettel zu stoßen, auf dem vermerkt war, dass ich am nächsten Morgen in einem großen Saal sprechen sollte. Eine peinliche Überraschung.
Ich machte mich also tags darauf zeitig auf, um den Moderator der Veranstaltung zu bitten, auf meinen Beitrag doch bitte zu verzichten. Gründe dafür hatte ich schon parat: den Vortrag als Deutscher in Englisch zu halten, keine Vorbereitungszeit dafür gehabt zu haben und so weiter. Nun hatte ich nicht mit dem Moderator namens Harold Hughes gerechnet. Der hörte sich zwar meine Argumente an, aber aus seiner Reaktion war nicht zu schließen, ob er diese von mir angegebenen Gründe akzeptieren würde oder nicht. Ich hoffte das natürlich sehr. Als er dann die Veranstaltung eröffnete, traute ich meinen Ohren nicht: „Ich habe heute die Freude, euch meinen Freund Friedrich aus Deutschland vorzustellen. Er bat mich zwar, nicht sprechen zu müssen, aber ich habe den Eindruck, dass er genau der richtige Mann ist, uns an diesem Morgen zu berichten, was Jesus in seinem Leben für eine Bedeutung hat." Ich war geschockt und hatte immer noch gehofft, bei dieser Sache nur als Zuhörer dabei zu sein. Dann fuhr Harold weiter fort: „Friedrich und ich, wir haben manches gemeinsam, aber eines ganz sicher: Wir beide

haben immer ein grimmiges Gesicht nach außen, aber nach innen lachen wir permanent." Das war typisch Harold Hughes. So war er eben, so echt, dass er in dem großen Spielfilm über das Leben Chuck Colsons und die Verwicklungen in den Watergate-Skandal seine Rolle auch selbst spielen wollte. Dafür bekam er die beste Kritik der Fachleute.
Harold Hughes wurde inzwischen von Gott abgerufen, alle anderen sind noch in der Arbeit. Was aber hat diese Begegnung bewirkt?
Solche Augenblicke der Begegnung führen uns zusammen mit Menschen, die man später in der eigenen Lebensgeschichte als unentbehrlich einordnen würde, und für solche Begegnungen wird ein Mensch ins Leben gesandt.
Der Leiter der Fellowship-Arbeit in Washington lernte uns kennen und brachte uns in mehrfacher Hinsicht ins Staunen. Zunächst sagte er uns, dass Deutschland, von dieser Arbeit aus betrachtet, für sie ein weißer Fleck auf der Landkarte sei. Wir sollten also deutsche Politiker einladen, um nach Washington zu kommen und diese Bewegung und viele Freunde kennen zu lernen. Dann sagte er etwas, was mich sehr verwunderte: „Wir beten regelmäßig für Deutschland. Dazu legen wir eine Landkarte auf den Boden, knien uns hin und dann beten wir für die einzelnen Städte." Offen gesagt, ich war noch nie zuvor auf die Idee gekommen, für amerikanische Städte zu beten. Diese Begegnung hatte ihre Folgen. Nachdem wir von diesem Treffen stark beeindruckt waren, versuchten wir für das kommende Jahr einige Politiker einzuladen. Das war kein leichtes Unterfangen, zumal ich damals keinen Kontakt mit Verantwortungsträgern in der Politik hatte oder haben wollte. Tatsächlich gelang es dann, einige Bundestagsabgeordnete nach USA mitzunehmen, unter anderem auch unseren baden-württembergischen Minister Wilhelm Hahn.
Im dritten Jahr, also 1979, wurden dann Manfred Wörner, damals Bundestagsabgeordneter, später Verteidigungsminister und dann Generalsekretär der NATO und Rudolf Decker, Landtagsabgeordneter in Baden-Württemberg, eingeladen. Rudolf Decker war der richtige Mann für diese Arbeit, die in Deutschland beginnen sollte, da er als langjähriger Abgeordneter das Wissen und die Kontakte hatte. So war es möglich, zunächst mit Parlamentsabgeordneten in Stuttgart ein Gebetsfrühstück zu beginnen, an dem ich viele Jahre teilgenommen habe. Von 1981 an startete ein solches Gebetsfrühstück auch in Bonn, mit Abgeordneten des Bundestages. In der Zwischenzeit gibt es solche Gebetsfrühstücke in

mehreren Landesparlamenten und natürlich auch in Berlin mit den Bundestagsabgeordneten. Die Arbeit weitete sich auch aus auf andere Initiativen: Treffen mit Botschaftern, mit höheren Beamten der Ministerien. Inzwischen wird die Frage nach der „Verantwortung vor Gott und den Menschen“ gerade von Verantwortungsträgern viel intensiver gestellt als in den vergangenen Jahrzehnten. Es ist über die Jahre hinweg ein weltweiter Freundeskreis entstanden, der Nachfolger Christi auch über Grenzen und Kontinente hinweg vereinte, ermutigte und immer wieder auch aktiv werden ließ in der Friedensvermittlung bei kriegerischen Auseinandersetzungen. Wenn Jesus unser Friede ist, wie es Paulus im Brief an die Epheser schrieb, dann ist der „Beruf“ der Nachfolger Jesu auch, Friedensstifter zu sein. Friede, der von innen nach außen wächst.
Wohltuend ist mir die aktive, echte Fröhlichkeit und die ganz persönliche Note unter Freunden in dieser Initiative aufgefallen. Man interessierte sich für den anderen als Freund, man wollte auch seine persönliche Situation kennen lernen. Als ich vor über 20 Jahren einmal, bedingt durch zu rasches Wachsen des Betriebes, eine wirtschaftlich schwierige Strecke zu bewältigen hatte, sandten mir die Freunde aus USA zwei Unternehmer, die eine Woche lang alle Zahlen und die Gesamtsituation des Betriebes beurteilten. Dann gaben sie mir gute und hilfreiche Ratschläge. Wir beteten immer wieder miteinander, und sind bis heute gute, enge Freunde, obwohl ich sie vorher nicht gekannt hatte.

# 38. Kleine Erzählungen

In Hamburg-Wilhelmsburg standen vor Jahrzehnten die Wohnwagen der Sintis. Darunter auch die Wagen der Großfamilie Weiß. Sie waren als „Zigeunerorchester Weiß" durch ihre Mitwirkung in vielen Konzerten und besonders durch einige bekannte Filme berühmt geworden. Als über Hamburg die Flutkatastrophe hereinbrach, wurden sie auf wunderbare Weise gerettet. Diese große Not öffnete ihr Herz für die Botschaft von Jesus. Der von Schwester Gertrud Wehl und anderen ausgestreute Same des unvergänglichen Wortes Gottes ging auf und es entstand eine Erweckung unter den Sintis. So sammelten sie sich in einfachsten Verhältnissen in der „Gemeinde Geborgenheit". Dieses Wort „Geborgenheit" hat schon auch seine existenzielle Bedeutung für die Sintis, obwohl ich es bei meiner Suche in der Lutherbibel gar nicht gefunden habe. Nur in anderer Form taucht es dort auf, aber für die Geschichte der Sintis in einem besonders interessanten Zusammenhang, nachdem das Nazisystem alle Sintis und Roma ausrotten wollte. In Psalm 83,4 und 5 sagt der Musiker Asaph: „In allen Angriffen gegen mein Volk machen sie Pläne gegen deine Verborgenen (eigentlich Schutzbefohlenen). Auf geht's, sprechen sie, lasst uns sie ausrotten, dass sie kein Volk mehr seien, dass ihres Namens nicht mehr gedacht werde."

Aber Gott gedachte es anders zu machen, ganz anders. Er rief Sintis heraus aus Not, Sünde, okkulten Verstrickungen und sammelte sie in der „Hütte Geborgenheit" genau so, wie es in Psalm 27,5 steht: „Ihr waret geborgen in seiner Hütte, verborgen in seinem Zelt." Dann hat diese Gemeinde getan, was schon David als sein Lebensmotto bekannte: „Ich will Lob opfern und will singen und lobsagen dem Herrn" (Psalm 27,6). Die ganze Gemeinde praktizierte „Geborgenheit", wie Jesaja sagte: „Ich will der Gnade des Herrn gedenken und des Lobes des Herrn in allem, was uns der Herr getan hat" (Jesaja 63,7). Sie sangen und spielten zu Gottes Ehre in ihrer so unverwechselbaren Art und in einer musikalischen Qualität, die ihresgleichen suchte. Was war das für eine Freude, mit ihnen zusammen musizieren zu dürfen, einfach als Lob und Dank für die Wunder Gottes. Für mich war es ein besonderes Geschenk, dass das ganze Orchester, die ganze Gemeinde mich als ihresgleichen aufnahm, und ich am Klavier mit improvisieren durfte.

Diese musikalischen Könner wollten sich nicht produzieren, wie so manche „frommen“, selbst ernannten „Künstler“. Für sie war das einfach ein Teil ihres Wesens und Lebens. Immer wieder war dann die Gemeinde zu Freizeiten unterwegs, um Jesus zu bezeugen. Bei vielen konnte ich teilnehmen und lernte die „Familie“ immer besser kennen. Ich stellte fest, wie sie mich unter sich aufgenommen hatten: der Opa Weiß, der begnadete Geiger Kesa, August, der Klarinettist Lolo, Kako und wie sie alle heißen. Lolo lud mich einmal in seinen Wagen in Hamburg ein, um dort zu übernachten. Was war das für eine Überraschung im Wagen (damals hatten sie noch keine Wohnmobile), eine beleuchtete Beethovenbüste vorzufinden. Bei unserem letzten Zusammentreffen demonstrierte Kako die Familienzugehörigkeit, indem er mich im voll besetzten Zelt bat, doch meinen Stammbaum noch einmal genau zu überprüfen, da seien ganz sicher Sinti-Vorfahren dabei. Ist die Zusammengehörigkeit der Familie Gottes nicht wunderschön?
Besonders tief beeindruckten mich bei meinen Sinti-Freunden neben Gastfreundschaft, Freude, Musik und ihrer Liebe, das klare, selbstverständliche Bezeugen dessen, was sie mit Jesus erfahren hatten. Seine vielen Wunder konnten sie auch glaubhaft bezeugen: mit Vollmacht, Freudigkeit und Kraft. So entstanden in der Zwischenzeit eine ganze Anzahl von Sinti-Gemeinden, die über das gesamte Bundesgebiet verstreut waren. Gott ist am Wirken, auch heute.
Vor vielen, vielen Jahren schaute ich ganz unbeteiligt, gedanklich wahrscheinlich irgendwie abwesend, aus dem Fenster meines elterlichen Hauses, das an einer Straßeneinmündung stand. Straßenverkehr gab es wenig, manche Pferdegespanne und immer einmal wieder ein Auto. Plötzlich kam von der einen Seite ein Auto, von der anderen ein Motorrad, es gab einen Aufprall und der Motorradfahrer lag schwer verletzt auf der Straße.
Und ich war der einzige Zeuge dieses Unfalles. Nachdem der Autofahrer steif und fest behauptete, er hätte den Motorradfahrer überhaupt nicht berührt, war eine gerichtliche Auseinandersetzung vorprogrammiert. Das war für mich eine aufregende Sache, schließlich musste ich zum ersten Mal im Leben als Zeuge, als einziger Zeuge auftreten.
Am Morgen vor der Verhandlung habe ich mit dem Meterstab noch einmal den Tatort besichtigt und abgemessen, um klar und präzise die zu erwartenden Fragen beantworten zu können. Nun war für mich aufschlussreich, welche Fragen mir gestellt wurden, beziehungsweise

nicht gestellt wurden. Man fragte mich nicht nach meiner Lieblingsfarbe, auch nicht, was ich monatlich verdiene. Weder mein Lieblingsessen war von Interesse noch mein Wunschauto. Letztlich wurde mir im Gerichtssaal nur eine einzige Frage gestellt, als ich als einziger Zeuge aufgerufen wurde: „Was haben Sie gesehen, was haben Sie gehört?" Darauf konnte ich antworten, weil ich gesehen und gehört hatte. Dass ich am Morgen nochmals den Tatort inspiziert hatte, brachte meiner Aussage noch mehr Gewicht. Aber wissen wollte man von mir als Zeugen ausschließlich: „Was haben Sie gesehen, was haben Sie gehört?"

Genauso ist es doch auch bei einem Zeugen der frohen Botschaft von Jesus Christus. Jesus selbst beruft uns, „Dauerzeuge" zu sein, wenn er sagt: „Ihr werdet meine Zeugen sein in Jerusalem und in ganz Judäa und Samarien und bis an das Ende der Erde" (Apostelgeschichte 1,8). Auf die Frage, was wir denn bezeugen können und sollen, liefert uns Johannes die eindeutige Begründung: „Was wir gehört haben, was wir gesehen haben mit unsern Augen, was wir betrachtet haben und unsre Hände betastet haben, vom Wort des Lebens ..." (1. Johannes 1,1). Und Johannes wiederholt das in den nächsten Versen noch zweimal, so wichtig ist ihm das: „... was wir gesehen und gehört haben, das verkündigen wir auch euch" (1. Johannes 1,3). Das ist doch sehr nachdenkenswert, dass wir als Zeuge des Sieges, Zeuge der Auferstehung, nicht schweigen dürfen. Vor Gericht ist ein schweigender Zeuge kein Zeuge. Ist es in der Nachfolge von Jesus nicht genau so?

In mein Elternhaus kam des öfteren ein älterer China-Missionar der Liebenzeller Mission. Als Bub hatte ich den unbestimmten Eindruck, dass er auf Grund seines langen Aufenthaltes in China selbst etwas schlitzäugig geworden war. Das entsprang natürlich nur meiner kindlichen Phantasie. Er hieß Karl Wiesinger und war ein Missionar, wie man ihn sich vorstellte. Er war mehrfach eingeladen worden, um innerhalb der Versammlung eine Evangelisation durchzuführen. Seine klare, leicht verständliche Schriftauslegung wurde gerne gehört und aufgenommen – allerdings nicht von allen Zuhörern. Sein Ruf zur Bekehrung war manchen zu hart, zu fordernd. Nach einer der Abendversammlungen läutete bei uns die Hausglocke, was zu dieser Tageszeit etwas ungewöhnlich war. In der Tür stand der Ortspfarrer und begrüßte meinen Vater noch unter dem Hauseingang mit den Worten: „Des Priesters Lippen sollen die Lehre bewahren, dass man aus seinem Munde das Gesetz suche" (Maleachi 2,7). Es folgte ein nicht „weich gespül-

tes“ Gespräch über die Frage der Bekehrung, in das ich als Student mit verwickelt war.
Ich habe selten eine solche Liebe zu verlorenen Menschen gesehen wie bei Karl Wiesinger. Es tat ihm sichtlich weh, wenn an seiner biblischen Botschaft theologische Zweifel angemeldet wurden. Tatsache ist, dass viele Menschen den Weg zum Glauben durch seine Verkündigung gefunden haben. Vielleicht kannte ich das Geheimnis seiner Vollmacht etwas besser als seine Kritiker. Während der Verkündigungswochen wohnte er direkt über meinem Zimmer und ich hörte morgens schon vor fünf Uhr seine Schritte, hörte bruchstückhaft von seinem Beten, seinem lauten Lesen des Gotteswortes. Dieser tägliche, stundenlange „Kontakt mit dem Höchsten“ war sein Geheimnis, seine Kraft, daraus erwuchs seine Vollmacht. Es wunderte mich nicht, wenn viele zur Seelsorge zu ihm kamen. Bis heute bin ich beeindruckt von seinen Gebeten für seine von ihm so sehr geliebten Chinesen. Man könnte über sein Leben einen Vers aus dem zweiten Petrusbrief schreiben: „Denn er möchte nicht, dass auch nur ein Mensch verloren geht, sondern dass alle Buße tun und zu ihm umkehren“ (2. Petrus 3,9b).

# 39. Die Kraft des Wortes

Vor einigen Jahrzehnten herrschte, wie ich schon berichtete, unter jungen Menschen unserer Region ein richtiger Aufbruch. Während etablierte Jugendverbände immer mehr themenbezogen arbeiteten, gab es andere, die das Wort Gottes neu entdeckten und zur Mitte ihrer Verkündigung machten. Dadurch entstand zum Beispiel die Jugendarbeit des Württembergischen Brüderbundes mit ihrem breit gefächerten Angebot an Freizeiten. Im Remstal wirkte damals innerhalb dieser Kreise der Bibellesebund. Die Bibel zu lesen war sozusagen „in" und tägliches Programm der Jugendlichen. Man traute der Bibel etwas zu und hatte auch absolutes Vertrauen in dieses Leben schaffende Wort. Einmal war ich besuchsweise bei einer solchen Freizeit im Freizeitheim Lutzenberg. Dort erlebte ich Wort Gottes pur. Eine Freizeitgruppe mit 100 oder noch mehr Teilnehmern kniete an einem Abend auf dem Boden und betete den Psalm 136. So hatte ich das weder vorher noch nachher erlebt, vielleicht ist es auch gar nicht zur Nachahmung empfohlen. Der Freizeitleiter, Paul Schmidt, ein Mitarbeiter des Bibellesebundes, las jeweils den ersten Teil der 26 Verse des Psalmes und die ganze Freizeitgruppe antwortete 26 Mal im Chor mit dem zweiten Teil der Verse: „Denn seine Güte währet ewiglich". Es war wirklich bewegend, dem Wort Gottes auf diese Weise zu begegnen. Mit Gruppendynamik oder psychologischer Beeinflussung hatte es absolut nichts zu tun. Das Wort wirkte, Gottes Wort allein. Viele junge Menschen fanden zum Glauben an Jesus, mit vielen bin ich bis heute befreundet. Viele der damaligen Gruppe stehen heute selbst im Dienst der Verkündigung. Das Wort Gottes ist Kraft und bewahrt. Paulus drückt das so aus: „Das Wort vom Kreuz ist eine Gotteskraft" (1. Korinther 1,18).

Manfred Wörner besuchte als damaliger CDU-Bundestagsabgeordneter das Gebetsfrühstück in Washington. Von da an bestanden über Günther Schilling persönliche Kontakte zu ihm. Fragen des Glaubens wurden besprochen, sehr intensiv und sehr persönlich. Bei einer Herzoperation verstarb mein Freund Günther Schilling unerwartet. Manfred Wörner, damals Verteidigungsminister auf der Hardthöhe in Bonn, flog mit dem Bundeswehrhubschrauber ins schwäbische Gomaringen, um bei der Beerdigung dabei sein zu können. Das war ein Zeichen dieser intensiven Freundschaft. Bei diesem Anlass traf ich Manfred Wörner

wieder, und hielt auch – sozusagen als Nachfolger seines Freundes Günter – Kontakt mit ihm. Dann kam die Affäre Kissling, und er trat als Verteidigungsminister zurück. Inzwischen weiß man, dass die ganze Sache von der Staatssicherheit der DDR gesteuert worden war. Für Manfred Wörner eine schwere Zeit. Später wurde er als besondere Kapazität nach Brüssel berufen und Generalsekretär der NATO. Von dort schrieb er mir, dass er unsere Verlagsveröffentlichungen am Büchertisch in Brüssel kaufen würde. Er nahm in seinen Briefen auch Bezug auf den Inhalt der Publikationen. Er war bekannt für seine ungeheure Schaffenskraft, die allerdings durch einige Krebsoperationen beeinträchtigt wurde. Fast bis zum letzten Tag seines Lebens setzte er noch entscheidende Weichenstellungen in der NATO durch und bereitete dann seine eigene Beerdigung vor. Er legte jeden Gesangbuchvers fest, der dabei gesungen werden sollte, jeden Bibelvers, der gesprochen wurde. Er bat Theo Sorg zu predigen. Und dann bestimmte er als Text für die Beerdigungspredigt einen Vers aus Jesaja 53,5: „Durch seine Wunden sind wir geheilt." Theo Sorg sagte mir damals, er hätte in all den Jahrzehnten nicht, auch nicht als damaliger Landesbischof, bei einer Beerdigung über diesen Text gepredigt.
Die Kirche war überfüllt, viele hohe Offiziere, Generäle und Verantwortungsträger in Politik und Gesellschaft aus dem ganzen NATO-Bereich waren anwesend. Es war für mich bewegend mitzuerleben, wie dieses Wort „Durch seine Wunden sind wir geheilt" zur Evangelisation für alle Anwesenden wurde. In einem anderen Kapitel des Propheten Jesaja steht: „Mein Wort soll nicht leer wieder zu mir kommen, sondern tun, was mir gefällt, und soll ihm gelingen, dazu ich es sende" (Jesaja 55,11). Diesem Wort, das nach Johannes 17,17 die Wahrheit ist, vertraue ich ganz.
Noch eine andere Beerdigung ist mir bleibend in Erinnerung. Die noch junge Tochter eines mir gut bekannten Hochschulprofessors verstarb unerwartet. „Mitten wir im Leben sind mit dem Tod umfangen", dichtete Martin Luther. Der Tod macht viele ratlos und mehr noch sprachlos und bleibt Geheimnis, wenn man ein Fragezeichen setzt, wo Gott einen Punkt setzt. Antwort kann uns da wiederum nur das Wort Gottes geben. Und dieses Wort ist Kraft und Leben auch im Tal der Todesschatten.
Die Trauerpredigt, die mich bis heute stark bewegt, bestand aus dem Vorlesen von Versen aus dem Buch Prediger, Kapitel 3. Der Verkündiger las mit durchdringender Stimme:

*Ein jegliches hat seine Zeit,*
*und alles Vorhaben unter dem Himmel hat seine Stunde.*
*Geboren werden hat seine Zeit,*
*sterben hat seine Zeit,*
*pflanzen hat seine Zeit,*
*ausreißen, was gepflanzt ist, hat seine Zeit,*
*töten hat seine Zeit,*
*heilen hat seine Zeit,*
*abbrechen hat seine Zeit,*
*bauen hat seine Zeit,*
*weinen hat seine Zeit,*
*lachen hat seine Zeit,*
*klagen hat seine Zeit,*
*tanzen hat seine Zeit,*
*Steine wegwerfen hat seine Zeit,*
*Steine sammeln hat seine Zeit,*
*herzen hat seine Zeit,*
*aufhören zu herzen hat seine Zeit,*
*suchen hat seine Zeit,*
*verlieren hat seine Zeit,*
*behalten hat seine Zeit,*
*wegwerfen hat seine Zeit,*
*zerreißen hat seine Zeit,*
*zunähen hat seine Zeit,*
*schweigen hat seine Zeit,*
*reden hat seine Zeit,*
*lieben hat seine Zeit,*
*hassen hat seine Zeit,*
*Streit hat seine Zeit,*
*Friede hat seine Zeit,...*
*er hat alles schön gemacht zu seiner Zeit.*

Wort des lebendigen Gottes.
Dieses Wort, verbunden mit gesungenen und gesprochenen Texten der Hoffnung, weil Christus auferstanden ist, prägte sich bei mir ein – viel mehr als manche wohldurchdachte und wohlgeformte Traueransprache.
Das Wort des lebendigen Gottes bleibt in Ewigkeit, deshalb haben wir auch am offenen Grab eine gute Hoffnung (2. Thessalonicher 2,16).
Eine lebendige Hoffnung (1. Petrus 1,3).
Eine bessere Hoffnung (Hebräer 7,19).

# 40. Mutter

Der französische Dichter Charles de Foucauld formulierte einmal: “Wenn man leiden und lieben kann, kann man schier alles leisten, selbst Dinge, die auf dieser Welt unmöglich scheinen.“ Das könnte eine Beschreibung meiner Mutter sein.

Friedericke Hänssler wurde 1887 auf einem kleinen Gehöft einer Mühle geboren. Ihre Mutter starb bei der Geburt. Das hatte Folgen für ihre ganze Kindheit, die alles andere als lustig war.

Schon als Kind musste sie in einer Fabrik, die einige Kilometer entfernt war, arbeiten. Vor der täglichen Arbeit half sie noch ihrem Vater, der Straßenwart war, an den Wegen Gras zu mähen. Diese Überbeanspruchung führte zu einem rachitischen Körperbau und Bronchialasthma, an dem sie ihr Leben lang litt. Weil wir in einer Zeit leben, in der Kinder eher in Watte gepackt werden, sind die Forderungen, die damals an manche Sprösslinge gestellt wurden, heute oft unbegreiflich. Es ist nicht verwunderlich, dass meine Mutter recht schwierige Geburten durchzustehen hatte. Sie verlor drei Kinder. Von meiner Schwester Anna, die im Alter von siebzehn Jahren starb, habe ich bereits berichtet.

Die Stiefmutter Friederickes schien keine Beziehung zu meiner Mutter gehabt zu haben. Wahrscheinlich war auch das häusliche Zusammenleben nicht optimal. Als mein Vater ganz offiziell zu ihren Eltern kam, um um die Hand ihrer Tochter anzuhalten, kauerte die angehende Schwiegermutter betrunken im Hühnerstall. Die größte Ernsthaftigkeit wurde komisch.

Die körperlichen Nöte und die familiären Verhältnisse ließen meine Mutter nach Gott suchen, nach seiner Hilfe, Geborgenheit und Gegenwart. In einer Zeltevangelisation des damals bekannten Gründers der Deutschen Zeltmission, Jakob Vetter, nahm sie Jesus Christus an und stand am Anfang ihres neuen Lebens vor Möglichkeiten, die sie vorher nicht im Entferntesten hatte ahnen können. Ihr Leben bekam trotz aller körperlichen Einschränkungen einen Sinn.

Jakob Vetter sprach damals die Menschen recht unverblümt und sehr direkt an: “Halb Christus, halb Welt – da kannst du nicht glücklich werden. Das Lamm folgt nicht dem Wolf, die Gans nicht dem Fuchs, der Hase nicht dem Hund und der Christ nicht dem Teufel. Mit dem ganzen Leben dem ganzen Christus folgen – das macht frei und froh.“

Oder er sagte: "Niemand hat triftigere Gründe zum Arzt zu gehen als der Kranke, und niemand hat mehr Grund zu Jesus zu gehen, als der Sünder. Also, nicht länger gewartet; auf zum Heiland!"
Diese Botschaft veränderte das Leben meiner Mutter. Sie brannte für Jesus im Sinne Jakob Vetters: "Ein Christ ist wie eine brennende Kohle. Entweder er steckt andere in Brand oder er geht aus."
Obwohl sie sehr krank war, kaufte sie die Zeit aus, weil die Ewigkeit drängte. Sie lebte nicht an den Aufgaben vorbei, die das Leben stellte, und manchmal musste ich sie bremsen, wenn sie mit letzter Kraft arbeitete und dann fast alles an viele Menschen verschenkte.
Oft sah ich sie am offenen Fenster stehen und nach Luft ringen. Nach dem Tod ihrer Tochter Anna hatte sie kurze Zeit mit depressiven Phasen zu kämpfen, denn alle ihre Kinder waren ausgesprochene Wunschkinder. Anna musste sie als drittes Kind hergeben.
Sie lebte im Wort Gottes und war eine Beterin. Die Weltmission war ihr ein großes Anliegen und in Treue arbeitete sie beim Frauenmissionsgebetsbund mit. Einmal traf sie auf dem Stuttgarter Bahnhof den damals bekannten Sadhu Sundar Singh und erzählte mir: "Sein Gesicht strahlte Jesus aus."
All die Schwierigkeiten konnte sie nur durchhalten, weil sie sich selbst gehalten wusste. Das spürte ich auch, als sie wieder einmal schwer krank dalag und wir mit ihrem Ableben rechneten. Ein bekannter Prediger und Freund des Hauses, Fritz Hubmer, wollte sie noch einmal besuchen. Er fragte sie dann: „Rickele, wie geht es dir denn?" (Rickele ist die schwäbische Variante von Friedericke), worauf sie in größter Ruhe leise antwortete: "Friede wie ein Wasserstrom" (Jesaja 48,18). So lebte sie in der Gegenwart ihres Herrn.
Dabei konnte sie auch recht energisch sein. Als bei Kriegsende die marokkanischen Truppenverbände in mein Heimatdorf einrückten, wurden die Panzer durch den Widerstand einer einzigen deutschen Kanone aufgehalten. Die Zeit benutzte die Besatzung, um in die umliegenden Häuser zu dringen und allerhand zu zerstören. Da ich selbst Soldat war, kann ich das nur dem Hörensagen nach berichten.
In unserem Keller ließen sie ein großes Fass mit Apfelsaft auslaufen, warfen die gefüllten Einmachgläser an die Wand und ein Marokkaner stapelte einige Hüte meines Vaters auf seinen Stahlhelm, was ihm besonderen Spaß zu bereiten schien. Meine Mutter rannte ihm nach, um wenigstens die Hüte zu retten. Erst als der Soldat ihr die Maschinenpistole auf die Brust setzte, ließ sie von ihrer „Rettungsaktion" ab.

Sie wünschte mir als jüngstes Kind sehnlichst, dass ich Verkündiger des Evangeliums werden sollte. Sie nannte mich deshalb mit meinem ersten Vornamen Samuel – der von Gott Erbetene. Wie freute sie sich über unsere drei ersten Kinder!
Auch mit den vielen, vielen Gästen, die sie zu bewirten hatte, ging es fröhlich zu. Noch viele Jahre später berichteten mir Besucher, welch entscheidende Impulse sie durch meine Mutter erhalten hatten.
Eines Tages wollte sie mir unbedingt eine Uhr kaufen und machte sich mit meiner Frau auf den Weg nach Stuttgart. (Auch bei mir auf dem Motorrad fuhr sie, ohne mit der Wimper zu zucken, mit.) Dort wollte sie mir eine gute Uhr kaufen und fragte die Verkäuferin: "Haben Sie nicht noch eine bessere?" Ich hatte wenig Verständnis dafür, zumal wir als junge Familie außerordentlich sparen mussten. Sie erwiderte nur kurz: "Es könnte mein letztes Geschenk sein." So war es auch. Kurz darauf rief mich mitten in der Nacht mein Vater an. Ich solle doch sofort kommen, Mutter gehe es sehr schlecht. Ich gelangte in wenigen Minuten zum Elternhaus, um nur noch festzustellen, dass Mutter bereits gestorben war. An ihrem Bett kniete ich nieder und dankte für dieses Leben der Hingabe und Liebe.
Mutter hatte, und das wusste sie auf Grund einer Operation, ein Aneurysma und war innerhalb weniger Minuten tot. Sie starb im Alter von 72 Jahren.
Als ich zu Hause ankam, setzte ich mich im Stockdunkeln an den Flügel und spielte mit allen verständlichen Emotionen: "Wenn nach der Erde Leid, Arbeit und Pein ich in die goldenen Gassen zieh ein, wird nur das Schaun meines Heilands allein Grund meiner Freude und Anbetung sein. Das wird allein Herrlichkeit sein, wenn frei von Weh ich sein Angesicht seh!"
Während ich im Finstern dieses Lied sang, brauchte ich mich meiner Tränen nicht zu schämen.
Aufgrund der Auferstehung von Jesus wusste ich: Auferstehung ist keine Einbildung, sondern Ereignis. Der Sieg Gottes über den Tod wirkt sich aus im Leben der Glaubenden durch die Befreiung von der Furcht des Todes und in ihrem Sterben durch die Gewissheit des Heimgehens.
Jesus spricht: "Ich bin die Auferstehung und das Leben. Wer an mich glaubt, der wird leben, ob er gleich stürbe; und wer da lebt und glaubt an mich, der wird nimmermehr sterben" (Johannes 11,25-26).
Paulus nennt das Ziel unseres Lebens: "Bei dem Herrn sein allezeit" (1. Thessalonicher 4,17) und auch "Daheim sein bei dem Herrn" (2. Korinther 5,8).

# Verzeichnis der Bibelstellen

## Altes Testament



## Neues Testament

hänssler

**Friedrich Hänssler**
**Variationen in Dur & Moll**

Gb., 140 S., Nr. 393.929, 3-7751-3929-X

Friedrich Hänssler erzählt in diesem Buch humorvoll und spritzig, tief gehend und ermutigend Episoden und Geschichten aus einem reichen und erfüllten Leben, die dem Leser Mut machen, in allen Situationen Gott zu vertrauen.
Ein Buch voller Wunder und Begebenheiten, die auf den Schöpfer allen Lebens hinweisen und zeigen, wie Gott führt und leitet und ein Leben gestaltet.
Der Autor berichtet nicht nur von sich selbst, das Buch hat nicht den Anspruch der biografischen Vollständigkeit, sondern es werden auch viele Begegnungen und Begebenheiten mit interessanten, bedeutenden, lustigen und manchmal auch sonderbaren Menschen erzählt.

*Bitte fragen Sie in Ihrer Buchhandlung nach diesem Buch. Oder schreiben Sie an den Hänssler Verlag, D-71087 Holzgerlingen.*